圧倒的な強さを築く

オンリーワン差別化戦略

SIMPLY BRILLIANT

How Great Organizations Do Ordinary Things In Extraordinary Ways

ウィリアム C. テイラー
William C. Taylor

北川知子 訳

ダイヤモンド社

SIMPLY BRILLIANT
by
William C. Taylor

This edition published by arrangement with Portfolio, an imprint of Penguin Publishing Group, a division of Penguin Random House LLC
through Tuttle-Mori Agency, Inc., Tokyo

プロローグ

成功物語はシリコンバレーにしかないのか？

THE NEW STORY OF SUCCESS

顧客が圧倒されるようなブランドを立ち上げ、市場を席巻し、業界の流れを変えてみたい。独創的で活気あふれる会社を育て、雇用や富を生み出したい。成功物語の主人公になりたいという夢は、誰もが一度は見たことがあるはずだ。

近頃では、破壊的技術やバイラルメディアの活用、斬新なビジネスモデルや新しい働き方が成功の代名詞となり、シリコンバレーのエンジニアやベンチャーキャピタリストに夢を抱かせ、フェイスブックのマーク・ザッカーバーグのような果敢なイノベーターを駆り立てる。

ニューエコノミーを牽引するのは、過去の世代とはまったく異なる、新世代の企業やリーダーたちだ。

といっても、**成功物語は、革新的技術を掲げる一握りのスタートアップや若い億万長者だけのものではない**。荒々しい破壊と胸躍る進歩、容赦ない混乱と無限の可能性とが共存する今、未来はすべての人に開かれている。ブレークスルーをもたらす創造力や型破りな行動は、最先端技術や事業戦略を持つ若い企業だけのものではない。大きなことを成し遂げたいと願うリーダーに本書の事例を通して伝えたい。**可能性に気づくことができれば、どの業界でも新たな成功物語を生み出せる**だろう。

たとえ変化の乏しい環境でありふれたものを提供していても、それらを傑出した製品・サービス・経験に変えることはできる。それなのに、老舗企業の幹部は過去との決別に二の足を踏む。「我が社は100年前から続く老舗だ。グーグルやアマゾンじゃないんだよ」「この業界じゃ、そんなうまい話はないさ。アップルやスターバックスとは違うからね」。

こうした言葉の裏にあるのは、「つまらない企業だと責めないでくれ。シリコンバレーやシアトルとは違うんだ」という気持ちだ。だから私はこう断じる。「昔ながらの業界だから、老舗だから、平凡でいいということはない。どこにでもある企業、時代遅れの企業なんてものはない。ありきたりで時代遅れなのは、ビジネスのやり方だ」。

長年同じやり方を踏襲してきたのなら、むしろ抜きん出るチャンスはある。考え方次第で戦い方を変えられるなら、旧態依然で凝り固まった業界ほど勝てる余地は大きいだろう。

ビジネスもリーダーシップも変わりつつある。技術の進化以上に苛烈な競争を強いられる時代、顧客の期待やライバルの能力は格段に高まり、選択肢やブランドの数も飛躍的に増えている。慣れ親しんだ戦略や働き方はもはや有効ではない。どの業界でもそうだが、特に老舗業界では、従来のやり方を見直し、提供する製品や体験を一新し、自社の未来を見据えた新しい意見を歓迎する者こそが足跡を残すだろう。

〝普通〟が存在できなくなった時代

『ニューヨーク・タイムズ』紙のコラムニストとして有名なトーマス・L・フリードマンは、現代社会の要求水準の高さを巧みにとらえている。

「昨今では、〝普通〟というものが明らかに存在しなくなっている。〝普通〟であることで、かつてのように得られるものはない。多くの雇い主は、安価な海外労働力、ロボット、ソフトウェア、オートメーション、才能ある人材に容易にアクセスできる。そのため、誰もが自分だけの価値、他者から抜きん出るためのプラスアルファを見出さなくてはならない[1]」。

この現象は国や経済の枠を超えて広がり、気づいていない人々にも大きな影響が及んでいる。ビジネス思想家のリオール・アルーシーは、戦略とイノベーション、成長について世界の一流企業に助言するなかで、よくこう言ってのける。「**ほとんどの企業やブランドが抱える問題は、破綻ではなく退屈だ**」。そう、**退屈している組織が大成功を収めることはない。**

アルーシーによれば、「我々は新しい世界に生きている。顧客はもはや、ありきたりのやり方を受け入れない。並外れたものでなくては意味がない。どの業界でも、熱狂はすぐに退屈に変わり、退屈は苛立ちに変わる。驚かせてほしい、ワクワクさせてほしい、いつまでも記憶に残るものがほしい。それが顧客の望みであり、企業が提供しなくてはならないものだ」[2]。

〝普通〟が存在しない世界においてさえ、問題になるのは「比類なき創造性か、悲惨な終焉か」ではなく、うんざりするほど続く〝凡庸〟だろう。デジタル時代の創造的破壊、リ・インベンション、残酷な適者生存思想がもてはやされる一方で、多くの企業は何十年もの間、退屈な結果に甘んじている。この現状はそう簡単には変えられない。しかし、必ずしも致命的ではない。

「どう見てもオーナーや従業員や顧客の期待に応えられていない企業は少なくないが、それでいて半永久的に生き延びることもある」と述べるのは、社会学者のマーシャル・W・マイヤーとリン・ザッカーだ。「期待に応えられずにいる企業」の幹部は顧客を喜ばせていないというのに、破綻は回避できている。日々向き合っているのは手ごわい危機ではなく、「持続的停滞」だ。彼らは目標を掲げて積極的に変化を求めようとせず、目先の利益のために惰性で動いている[3]。

失敗はいつでも起こる。大事なのは、そのときにアイデアや人、技術を活用できるかどうかだ。ビジネスの世界でありがちな失敗は、想像力が足りなかったとき、度胸が欠けていたとき、過去にとらわれてしまったときに忍び寄る。

リーダーシップ論の権威、ハーバード・ビジネススクールのリンダ・ヒル教授によれば、リーダーの多くは効率や生産性を高め、過去よりも好ましい状態を作ることで、現状と理想との「パフォーマンスギャップ」を埋めようとする。しかし、リーダーがとるべき行動、リーダーにとっての真の課題は、「チャンスのギャップ」、すなわち、現状と実現可能な状態とのギャップをイノベーションや改革、未来の創造を通して埋めることだ。生き延びているというだけでは、本当の意味での発展とは言えない[4]。

無名だが情熱ある人々が、目覚ましい成功を収めている

本書は、生き残るだけではなく目覚ましい発展を遂げたいと願う読者、魅力的な成功物語を求める読者に向けたものだ。4部構成だが、どこから読んでいただいてもかまわない。どの章でも、突出した成果に欠かせない原則を述べ、戦略やイノベーション、サービスのほか、繁栄を分かち合うための新しい課題を定義している。中には直感に反する部分もあるかもしれないが、すぐに使えるメッセージや教訓を含む点では有益であり、ありふれた環境で苦労しながらも、道なき道を大胆に進む人々に焦点を当てたという点では刺激になるはずだ。

執筆にあたっては、新しい時代を象徴する成功物語を求めて、ロンドンやアンカレッジ、騒々しいラスベガス、ミシシッピ川沿いの静かな町を訪れた。企業の本社や支店、工場、小売店、非営利団体などを訪ね、会議にも参加した。本書に登場する15の企業や団体は、分野はもちろん、歴史や文化もまるで異なるが、その一方で明らかに共通する特徴があった。どのリーダーも、当たり前のことを当たり前ではないやり方で行い、価値あることを成し遂げ

ようとしていた。

本書では、アメリカの政治家で教育者でもあったジョン・W・ガードナーが「現実的楽観主義」と呼んだものを浮き彫りにしようと試みている。「**未来は、未来を心から信じない人々によって作られるものではない。情熱を傾ける人々、何かを強く願い、信じる男女によって作られる**[5]」とガードナーは語る。

現実的楽観主義者であっても、未知の領域を開拓し、大きな変化を起こし、従来とは異なるやり方で物事を進めようとすれば、難題や危機に直面するに違いないし、失望するときもあるはずだ。本書で紹介した企業や団体も、今後、予期せぬ挫折を経験するかもしれない。それでも本書に登場する人たちやそのアイデアは、並外れたことを成し遂げる情熱を読者に与えてくれると、私は確信している。

旅の最後に、オハイオ州クリーブランド郊外のユークリッドを訪ねた。長年注目してきたリンカーン・エレクトリックをこの目で見るためだ。創業は１８９５年、溶接・切断装置の製造で世界的に成功している。ニュースで取り上げられることは少ないが、１９３４年以来、収益の大部分を従業員と共有し、１９５８年以降、１人の従業員も解雇しない方針を守り続けている。不況や金融危機、急激な技術の進歩に翻弄されながらも、互いに協力し成果を分かち合うときこそ生産性が高まると認識し、抜きん出た業績をあげている。

ＣＥＯへのインタビュー後、広い工場内を見学していると、創業者の弟で、同社の持続的な仕組みやビジネスモデルを確立したジェームズ・Ｆ・リンカーンの言葉が目に留まった。

「**現実には限界があるが、可能性は無限大だ**」。

私が本書で伝えたいのは、まさにこのことだ。

さて、あなたはどんな成功物語を生み出すのだろう。

オンリーワン差別化戦略 ― 目次

Ⅱ　知識が想像力の邪魔をする

I

STOP TRYING TO BE THE BEST;
STRIVE TO BE THE ONLY

ナンバーワンより、オンリーワン

一流の企業は、もはや最高のものを提供する企業ではない。
独創的なアイデアを掲げ、
他の企業ができないこと、やろうともしないことをする企業だ。

1章

「競争」と「選択」は違う

顧客に差し出せる価値は何か？

ロンドンから北西約80キロ、オックスフォードとケンブリッジのほぼ中間に位置するミルトン・キーンズを訪れたのは、とある金曜日だった。オフィスビルやショッピングモール、集合住宅が並ぶ「ニュータウン」は、企業誘致のための経済戦略や都市計画の手本として1960年代に作られた。失業率は低く、安定した成長を維持しているが、おしゃれな街ではない。

イギリスの建築家で、『親しみやすい都市を作る（*Making People-Friendly Towns*）』（未邦訳）の著者、フランシス・ティボールズは、この街の発展に感心しながらも、「堅苦しくて面白味がなく、まったく退屈な街だ」と述べた。「ミルトン・キーンズ　忘れられた都市設計」と題した論文では、「新しい都市作りにおいて世界最高の事例になる」チャンスを逃し、「玉石混交の建築物の寄せ集め」になり果てたと嘆いている。[1]

オークグローブ地区にもこれと言った特徴はない。私が訪れたときは、好奇心旺盛な人たちが歩道で騒いでいた。DJは、流行のダンス音楽に合わせて身体を揺する。高くなった側路を歩きながら誰とでもハイタッチを交わす道化に、子どもたちは大はしゃぎ。フェイスペイントをした人がいれば、ポップコーンやアイスクリームを手にした人もいる。中世風に胸に勲章をさげた市長、前回の選挙で市長に勝った保守党議員など政治家の顔も見える（かつてのライバルも仲良くやっているようだ）。誰より注目を集めたのは、12歳のヨークシャテリア「ダフィールド卿」だろう。通行人が目を留め、手を伸ばす。

こんなに賑やかなのはなぜだろう。シルク・ドゥ・ソレイユのショーでも始まるのか。ハリウッド映画の公開日なのか。

実はこの日は、メトロバンクの支店オープンを祝う、2日間の記念行事の初日だった。メトロバンクは、2010年7月にロンドン中央部のホルボーンで最初の店舗を開業した。以後急成長を続け、ロンドンの繁華街（アールズ・コート、ケンジントン、シティ）や北東のケンブリッジ、南のブライトン、西のリーディングほか、イギリス全土で店舗を展開している。新しい支店はミルトン・キーンズでは2店目、イギリスでは27店目だ。

そして現在、2020年までに200店舗の開設、100万人の顧客との契約成立、従業員5000人の雇用、400億ドルの預金獲得を目指すという大胆な計画を推進中だ。世界の著名投資家から14億ドル以上を集め、イギリスで最も活気ある金融サービスブランドを築いている。[2]

新しくオープンした支店も、他の支店同様、明るく賑やかで遊び心にあふれている。陰気なイギリスの銀行と比べると、まるでアップルストアのようだ。ガラス張りの店舗に入ると、赤と黒を基調としたインテリアや高い天井、銀の支柱が目に入る。ロビーやATMのスクリーンにはスローガンが表示されている。「ついに愛される銀行が登場！ 子どもたちは大はしゃぎ。愛犬も歓迎。ばかげた規則は一切なし」。

鮮やかな色の硬貨計数機「マジックマネー・マシン」の画面には、メトロバンクのMをかたどった「メトロマン」が浮かぶ。女性スタッフは赤いドレスに黒のブレザーか黒いドレスに赤のブレザー、男性スタッフは白いシャツに赤いネクタイのスーツ姿だ。ヨークシャテリアのダフィールド卿まで、メトロバンクのスカーフを首に巻いている。

同社の店舗空間から顧客体験、社風に至るまで最終責任を負うシャーリー・ヒル（共同創業者バーノン・ヒルの妻）は、「私たちは、新規出店のためだけにここに来たわけではありません」と語る。「世界最高の銀行を作るためにイギリスにやって来ました。ほかの銀行よりもましな銀行を作るだけなら簡単ですが、それが目的ではありません」。

だとしたら、世界最高の銀行になるためには何が必要なのだろう。

「とにかく細部にこだわることです。**私たちの行動のすべてが、メトロバンクの成長に役立つか邪魔になるかのどちらかなのです。例外はありません。サインが曲がっていたら、スタッフの誰かが笑顔を忘れていたら、私たちが意欲をなくしていたら、顧客に伝わるメッセージは間違ったものになります。**スタッフ自身が、顧客サービスを楽しめるようにしなくてはなりません。誰だって楽しくないことはやらないでしょうし、やったとしても誇りを持てません。それではいい仕事はできないのです」。

そのとおりだろう。何十年、何百年もの間、イギリスの金融界は大手銀行に牛耳られてきた。ロイズ、バークレイズ、スコットランドのロイヤルバンクなどの「ビッグ5」は似たり寄ったりで人気がない。

ロンドンのキャス・ビジネススクールのレポートによれば、ビッグ5には、2008〜2014年半ばに2100万件の苦情が寄せられたという。それでも、イギリスの個人口座の77%、法人口座の85%を占めている。大手銀行は、やる気のない従業員、不満を抱える顧客、世間からの信頼の低さなど、「長年培われた悪しき文化」の中でもがき苦しんでいる。この文化を「一掃するには数十年はかかるだろう」[3]とレポートは警告した。

メトロバンク成功の秘訣は、「斬新さ」ではない

メトロバンクは窮状を変える一筋の光だ。1835年以降にイギリスで設立許可を得た大手銀行の中では一番新しい。バッキンガム宮殿が王室の公式宮殿となったのは1837年だ

から、久しぶりに登場した新参者が伝統を無視し、金融業界の慣行すべてを覆したいと思うのも無理はない。かつて銀行の営業時間は短く、休日も多かったが、メトロバンクは年間362日、平日は1日12時間、土曜日は10時間、日曜日は6時間営業する（休業はクリスマスとイースター、元日だけだ）。

対応の遅さと長蛇の列は銀行の代名詞だ。ところがメトロバンクは、新規顧客の口座開設、すぐに使えるデビットカードの発行、オンラインバンキングへのアクセスといった手続きを15分以内で、しかも来店客に書類を書かせず実現している。当座預金口座の開設にもATMカードの作成にも、手数料はかからない。多くの銀行ではほとんど見かけなくなった貸金庫や硬貨計数機などの設備にも投資を惜しまない。

ミルトン・キーンズから南に1時間ほどの町スラウには、イギリス初のドライブスルー店がある。あまりに画期的だったため、オープン時にBBCが取り上げたほどだ。2015年10月には、スラウの東へ30分ほどのサウソールに2店舗目のドライブスルー店がオープンし、またも注目を集めた。

何より驚くべきは、メトロバンクには本当の意味で新しいものは何もないという点だ。実のところ、バーノン・ヒル自身が数十年前にアメリカで作ったビジネスモデルを、そっくりそのままイギリスで再現した。

ヒルは1973年、26歳のときにコマースバンクを設立した。当時は従業員も少なく、資本金は150万ドル、店舗はニュージャージー州南部の1店のみだった。35年後、カナダの

TDバンクに85億ドルで売却された頃には、フロリダ州からメイン州まで各地に支店を持ち、金融業界の競争が激しいニューヨークでも注目される国内有数の銀行に成長していた。

「一流企業はみな、自社が取り組む事業を再定義している」とヒルはよく言う。それは、コマースバンクがアメリカ東海岸各地で実際に行ったことでもある。しかも、最先端技術や斬新なビジネスモデルに頼ったわけではない。

ヒルは「リテールテイメント」（小売りとエンターテインメントを交えた体験）を、退屈で刺激のない金融業界に持ち込んだ。楽しさ、面白さ、驚きが、顧客の来店を促す。顧客は子連れでやって来て、スタッフと馴染みになる。オンライン取引の時代に逆行する動きだ。

コマースバンクの幹部は、自分たちは金融サービス業界の「異端児」だと冗談めかす。彼らのやり方がどんなに強力で有効だったかは、結果を見れば明らかだ。手法も文化も独特で、他の銀行や競合は真似ようともしない。さらに言えば、新しい考え方や斬新なソフトだけではなく、常識や旧来の価値観をも原動力としていた。[4]

「異端児」は、今や大西洋をまたいで活躍の場を広げている。ニューヨークで展開したコマースバンクのビジネスモデルを海外向けに発展させ、最初は首都ロンドンで、さらにロンドンから2時間圏内の都市や町に展開した。

メトロバンクはにわかに注目を集め、疑い深いイギリスのメディアさえ、悪習慣やお粗末なサービスが蔓延する業界に新風を吹き込んだと、ヒルをもてはやした。ヨーロッパ市場や金融企業を取材するマイク・バードはホルボーン支店に足を運び、「新銀行に口座開設　驚きの体験記」と題した記事をまとめている。

ヒルは現在、成功するための斬新な戦略や大胆なルールから学びたいと願うビジネスリーダーに向けて、精力的に講演活動を行っている。相棒のマスコット犬ダフィールド卿は、創業者に負けないほどの人気者だ。頻繁にメディアに登場するだけではなく、名刺やツイッターのアカウントまで持っているらしい[5]。

熱狂しているのは顧客とメディアだけではない。アメリカ屈指の富豪（ヘッジファンドのスティーブン・A・コーエン、住宅会社トール・ブラザーズのブルースとロバート、マイケル・ブルームバーグの投資を扱うウィレット・アドバイザーズなど）や、フィデリティ、ウエリントン・マネジメントなど一流投資企業からも注目を浴びている。最初の店舗開設から6年も経たない2016年3月には、投資家から新たに5億8000万ドルを超える資金を集めたこと、ロンドン証券取引所に公開価格約23億ドルで上場することを発表した。

ロンドン本店を訪問した日、ヒルの古くからの支援者でバリュー投資家のトーマス・トライファロスと出くわした（1930年代にベンジャミン・グレアムとデビッド・ドッドが提唱した「証券分析」の信奉者であり、同じくコロンビア・ビジネススクールで教鞭を執る）。バリュー投資家の例に漏れずスタートアップを投資対象としていなかったトライファロスは、メトロバンクについて次のように話してくれた。

「私がこれまで行った中で2番目に大きなものだ。スタートアップへの投資は初めてだったよ。今では、もっと投資しておけばよかったと思うほどだ。誰に会っても出てくるのはメトロバンクへの褒め言葉だ。昨年、支店がオープンしたときに思った。『来るのが楽しみになる銀行だ』と。投資家としてそう感じるなら、顧客もそうに違いないじゃないか」。

従業員については言うまでもない。急成長企業の例に漏れず、メトロバンクも過去5年間、積極的に雇用を推進し、幹部をはじめ、プライベートバンキングや融資、支店の窓口担当者などを集めている（「我々の仕事は、破綻したビジネスモデルに幽閉された有能な銀行員を見つけることだ」とヒルは笑う）。

当然のことながら、採用に際しては、専門性や技能、商品知識が評価される。幹部やスペシャリストならなおさらだ。しかし、人事部のダニエル・ハーマーによれば、それ以上に重視されるのは「熱意」（大事なことに積極的に取り組む意欲）だという。行動やコミュニケーション、相互の関わり方に影響するからだ。

「従業員同士の関わり方は、お客様への接し方そのものです。自分が何者であるかは、何を知っているかと同じくらい大事です。関心を内側に向けても外側でもかまいません。けれども周囲の意欲を削いでしまうようなら、そこはその人の居場所ではないのです」。

メトロバンクは創業から6年も経たないうちに、金融業界で類を見ないほど情熱的なブランドになった。ミルトン・キーンズの新支店に押し寄せる人々を眺めながら、「ここの連中は、銀行ってものを毛嫌いしているのさ」と、ヒルは私に語った。

「アメリカ人だってそうだ。わずらわしいからだ。嫌われようはハンパじゃない。大手銀行は徒党を組んで、出されたものは何でも受け取るように顧客を訓練した。顧客は暴れ出す寸前だ。そこへ我々が登場した。ニューヨークでやってきたことは何であれ、ロンドンではもっとうまくやれる。メトロバンクは、コマースバンクが30年以上かかって成し遂げた以上のことを10年でやるだろう」。

退屈する前に、ルーティンを断ち切れ

戦略においては、どう考えるかによってどう戦うかが決まる。1980年代中頃、マッキンゼー・アンド・カンパニーのコンサルタント、マイケル・J・ラニングは「価値提案《バリュー・プロポジション》」という概念を考案した。この概念は、ビジネスパーソンが競争や市場について考える際に、また自社と競合のポジショニングを評価する際に今なお影響を及ぼしている。

ラニングによれば、本当の成功はR＆Dや最新技術、サプライチェーン、効果的なオペレーションによってもたらされるものではない。顧客に仕え、顧客を喜ばせる耳に心地よい約束によってでもない。社外の顧客との間で生じるものだ。

つまるところ、企業は価値提案――提供する便益（目に見えないものを含む）を、その価値を反映した価格でわかりやすく伝えるもの――を考え、それを一貫して提供しなくてはならない。

「ある価値提案を選択したなら、その価値を確実に高めるよう、自社のすべての活動に『共鳴』させなくてはならない。新しい価値提案は確実に勝利の戦略につながるが、たとえあり

きたりの価値提案であっても、組織全体で共有すれば優れたものにできる」[6]。

価値提案の概念は、戦略的革命を掲げる感動的なマニフェストには及ばないとしても、マーケット志向のリーダーたちを十分に刺激した。彼らはクオリティ、レスポンス、機能性を向上させ、市場をセグメント化するなど、顧客が喜んで対価を支払う商品やサービスを提供しようと日夜試みている。そうすることで、従業員の生産性とともに意欲さえも高められることを理解するようになった。

「顧客はみな、求められる対価以上の利益を得るべきだ」とラニングは助言した。言い換えれば、競争や市場に対する理解、持続する富を生み出すための長期戦略の考案は、顧客が実際に何を大切にしているかを理解することでもあった。

それから30年が過ぎ、顧客の選択肢はかつてないほど広がりを見せている。競合企業の数もパワーも増し、成功はもはや価格や機能、特徴だけで得られるものではなくなった。顧客のニーズに対応できる、目に見える合理的な経済的価値を提供しなくてはならない。

大事なのは情熱、感動、アイデンティティだ。顧客は何を期待できるのか、企業は何を提供できるのか。この基本的な問いかけを繰り返すことによって、綿密に定義された「価値提案」を共有する必要がある。優れた企業は、最先端技術を備えた企業でもなければ、斬新なビジネスプランを持つ企業でもない。魅力的なアイデアを掲げ、印象深い体験を生み出し、熱心な顧客を魅了し、忠実な仲間を雇用する、つまり、効率的であると同時に、決まりきった現状に対する魅力的な対抗馬として自らをポジショニングする企業である。

「ほとんどの企業は機能不全に陥っているわけではない。退屈しているのだ」とリオール・アルーシーは言う。

「彼らがイノベーションを怠っているわけではない。誰もが同じものを追い求めた結果、標準とされるパフォーマンスのレベルは上がり続けている。成功は持続可能でなくてはならない。これは戦略に限らず、行動についても言える。ある企業を退屈だと指摘しても、従業員は気を悪くしないだろう。だが、従業員に面と向かって、君たちのやっていることは退屈だと言えば、反応は違ってくるはずだ[7]」。

群れから抜け出して我が道を進もうとする企業、競争の激しい時代に圧倒的勝利を収めようとする企業こそが、唯一無二の存在となり、独自の成果を提供できる。彼らは他の企業ができないこと、やるつもりがないことを成し遂げる。先述のバーノン・ヒルはアイデア志向の起業家の典型だ。お馴染みの（退屈とも言える）金融業界に、劇場のような体験、ヒルがやって見せなければ顧客は思いつきもしなかったコミュニケーションを持ち込んだ。他の大手銀行が見落としている大事なものに目を向け、彼らができないことをやる。

これら一連の取り組みを通じてメトロバンクが体現したのは、ブランド戦略家アダム・モーガンの言う「灯台のようなアイデンティティ」である。モーガンが創設したイートビッグフィッシュ（eatbigfish）というマーケティングコンサルティング会社は、ロンドン、サンフランシスコ、ニューヨークを拠点とし、業界の規範や慣行を打破する企業を研究している。モーガンによれば、チャレンジャーブランドは、「デモクラタイザー」（民主化推進者）や「一匹オオカミ」など様々な特徴を示す一方、戦略に四つの柱を置く点で共通している。

第一は「視点」。彼らは世界を独特の目で見ている。

第二はその「徹底性」。**彼らはその行動において、自身のあり方を常に徹底的に打ち出す。**

第三は「突出性」。彼らは抜きん出ているため、おのずと気づかれる。

第四は「強固な基盤」。彼らは、自分たちの立ち位置が独特であることを確信している。

「灯台のようなアイデンティティ」や入念に定義された価値提案こそが、ありきたりの価値提案で満足している既存プレイヤーと挑戦者を区別する。どのように世界を見ているのか、何に注目しているのか、なぜその視点が重要なのか、どうやって勝とうとしているのか、なぜその行動を取っているのか。挑戦者に出くわすたび、その姿勢や行動はあなた自身にとっても無関係ではないと気づくはずだ。彼らは「消費者のナビゲーションを求めようとはしない。自分たちがナビゲーターであろうとする[8]」とモーガンは言う。

たしかにバーノン・ヒルには、大都市ロンドンで唯一無二の銀行を設立するだけの資本力や実績があった。しかし、十分な資金や派手なマーケティングがなくても、適切な価値提案はできる。必ずしも「灯台のようなアイデンティティ」を確立しなくてはならないわけでもない。起業家やイノベーターは、顧客の期待に向き合い、期待を超えるものを提供できる組織を築くところから始めてもよいし、従業員の期待に向き合い、無気力な現状に替わる魅力的な選択肢を作るところから始めてもよい。

北欧発の型破りな、SOLクリーニングサービス

『ファストカンパニー』誌の創刊まもない頃に出会ったリーサ・ヨロネンは、魅力に乏しく儲からない業界で立ち上げた事業を、20年以上かけて、賞を受賞するほどの有名企業に育てあげた。ヘルシンキに本社を置き、いわゆる「汚れ仕事」、オフィス、病院、アパートなどのクリーニングを行う。現在は母国フィンランドのみならず、北欧（スウェーデン、ラトビア、エストニア）やロシアにも進出している。

太陽（sun）の温かさが連想されるようにと名づけられた「SOLクリーニングサービス」は1990年代はじめに発足した。リーサの父は150年続く「リンドストローム」の経営者で、当時35歳だった娘をCEOに任命した。しかし、現場の従業員に意思決定を委ねるというリーサの斬新なアイデアは、父親のトップダウンのアプローチとは相容れなかった。父親と対立するよりはと、彼女は社内で最も魅力のない部門での理念の実現を目指した。そして瞬く間に業界を一新したのだ。

リーサの考え方は、ヘルシンキ大学で博士論文をまとめたときに芽生えたものだ。シンプルでありながら奥深い。従業員の入れ替わりが激しく、薄利で魅力に乏しい業界にいるからといって、なにも迎合する必要はない。従業員、さらには顧客に対する新たな「価値提案」に基づいて、従来とは違うやり方で清掃業を営み、自社と従業員の地位を高めることもできるはずだ。

「私たちが目指すのは、清掃員の働き方を変えることです。手と同じくらい頭を使わせます」。事業が軌道に乗り始めた頃、リーサは『ファストカンパニー』誌のインタビューでそう答えた。究極の目標は「ルーティンに慣れてしまう前に、ルーティンから脱却すること」[9]だ。

SOLはルーティンとは無縁に見える。ヘルシンキ中心部の本社は「SOLシティ」と呼ばれ、活気に満ちている。壁は赤、白、黄色に塗られ、会議スペースは独特の雰囲気を持つ。建物にも社風にも、快活で前向きな個性があらわれている。木曜のランチタイムには、従業員と居合わせた来客全員に温かいスープが無料で振る舞われる。厳しい冬にはオフィスが暖を取る避難所に変わる。

実のところ、SOLが抜きん出ているのは、型破りなスタイルゆえではない。清掃業界で働きたいと夢見る者は少ないだろう。それでもリーサたちは、従業員にチャンスを与えれば、成長、創造、拡大の可能性は豊富にあると考え、仕事の本質を見直すことで急成長企業を築いた。現場に意思決定を委ね、各地のオフィスやチームによる独自の目標設定や達成を認め、現場の従業員に予算計画、従業員の採用、顧客との交渉さえ任せたのだ。

「人生は厳しいものであり、仕事も同じです。けれどもサービス業に携わるのであれば、自分自身が幸せでないのに、顧客を幸せにできるでしょうか」とリーサは語る。

SOLは初期の改革の一つとして、オフィスや病院での清掃を夜間ではなく、昼間に行うようにした。清掃業界ではほとんどの作業が顧客の退社後、目立たないように行われる。だが、顧客がオフィスにいる時間に清掃作業を行えば、丁寧で迅速な仕事ぶりが認められ、顧客はもっと仕事を頼みたくなるに違いないと考えたのだ。

各地のオフィスや現場のチームには売り込みや契約の権限が与えられており、清掃員は床を磨くだけでなく、営業活動もできた。また、作業中は明るい黄色と赤のつなぎを着用させた。仕事に対する誇りと責任感が芽生え、顧客の目にも留まるからだ。

その結果、最初は病室の清掃やシーツ交換を依頼した病院も、やがて看護師の補助や患者の検査室への案内、清掃中に患者に異変があれば医師に知らせる役割まで任せるようになった。食料品店では床を磨くだけではなく、在庫確認や値札の書き換えも担当する。ホッケーのナショナルチームの拠点であるハートウォール競技場では、清掃のみならず、案内所のスタッフ、警備員、監視員として活躍していた。SOLは、競合ができないこと、やろうとしないことをやる意欲と手段を持っている。

私がSOLを知った頃は、従業員は2000人足らず、収益は3500万ドル程度だった。20年後、事業の大半を率いるリーサの息子、ユハペッカ・ヨロネンに話を聞いたとき、その成長ぶりと多岐にわたる事業展開に驚かずにはいられなかった。

2015年末の時点では、SOLは1万1000人以上（フィンランド国外では3500人）の従業員を抱えていた。初期に比べて収益は10倍、セキュリティサービスや人材派遣業などの新規事業にも進出している。

現在リーサは第一線を退いているものの、数々の賞を受賞し、ビジネススクールの教授から注目されている。SOLの成果からヒントを得たいと願う最先端業界のCEOの手本となり、北欧ビジネス界の指導者的存在として活躍中だ。リーサは事業を始めた頃、すでにこう語っていた。

「従業員は野心的で現実にとらわれることがありません。会社が設定するよりも高いゴール、実現できそうもないゴールを掲げます。そして、自分たちで掲げたからこそ、それを達成しようとするのです」。

足りないのは、情報ではない。想像力だ

私は企業に対し、金銭に基づく価値提案ではなく、的確に定義された価値提案を重視するよう訴えてきた。だが、広い視野で考え、高みを目指すことがマイナスにもなると警告されることが多い。よくある指摘は、競合からの巻き返しについてだ。

大胆で賢明で前向きな企業が新しい挑戦で成功を収めると、必ずや資金力のある既存大手が秘訣を解明し、やり方を真似、先を行くイノベーターを打ち負かす。あらゆる戦略兵器を備えたライバルにいずれ撃墜されてしまうとしたら、斬新な手法で事業に乗り出す意味がどこにあるのか。

シリコンバレーのネットスケープは、誰もが使えるウェブブラウザを最初にリリースし、インターネット革命を牽引した。ところが数年後、ソフトウェアの巨人マイクロソフトが模倣によって同社を業界から追い出した。競争戦略においては、「優れたアイデアは必ず真似

される」のだ。だが、そう言い切れるだろうか。

現実の世界では、ネットスケープのようなゲームチェンジャーの奮闘は例外とみなされ、誰もが創造性を渇望しながらも、後に続こうとしない。驚くことに、たいていの大企業は、業界のイノベーターを真似るどころか学ぶことさえできず、その意欲もない。

模倣は最高級のお世辞だろう。しかし、競合の反応としては稀だ。最初から野心を抑えていては言い訳にもならない。**あなたがやっていることの中で、競合がその意義を十分知っていながら、それでもやろうとしないことがどれほどあるかを知れば、驚かずにはいられないだろう。**

これには理由がある。10年以上前、国家情報会議のグレゴリー・トレバートンは諜報活動について、「パズル」と「謎解き《ミステリー》」という重要な区別を行った。トレバートンによれば、冷戦時代に情報機関が直面していた問題は「パズル」だった。ソ連の兵器庫にはどれだけの兵器があるのか。中国はパキスタンにミサイルを売ったのか。

対して、昨今の重要な問題は「謎解き」だ。サダム・フセインはなぜ大量破壊兵器を持っているとほのめかしたのか。イランは核開発縮小における欧米諸国との合意を守るつもりなのか。アメリカの政府機関はこの区別に基づき、敵の評価や脅威を測る方法を再考した。

トレバートンいわく、「パズル」は適切な情報と綿密な計算があれば解けるが、「謎解き」では情報は判断材料にすぎない。「謎解きは、曖昧なものを定義する試みだ。パズルを解くことで我々は満足感を抱くが、世界は我々に謎解きを求める場合が増えている」。

両者を同じように扱うのは危険である。想像力を駆使しなければ理解できない状況に対し、より多くの情報を処理すれば対処できるという誤った自信をもたらすことになる[10]。諜報活動に当てはまることは、戦略や競争にも当てはまる。本書に登場する企業に隠し事はほとんどない。貯蓄口座にせよオフィスの清掃にせよ、特許で守られるものではないし、見られて困る知的財産もない。製品やサービスを生み出すプロセスについても、秘密はない。事実、バーノン・ヒルは、学びたいという起業家には惜しげなく喜んでメトロバンクのノウハウを伝えている。

他の企業がメトロバンクやＳＯＬに追いつけないのは、情報を持っていないからではない。彼らに足りないのは想像力だ。それゆえ、「灯台のような」企業に対抗するどころか、自分たちのやり方を貫く熱意や忍耐力を奮い起こせない。こうしてメトロバンクやＳＯＬのような企業は、競合にとって「謎解き」の対象であり続ける。

わかっているのに、指をくわえて見ているだけ

メトロバンクの大成功がいい例だ。バーノン・ヒルがイギリス進出を発表した瞬間から、大手銀行にはそれが何を意味するのかわかっていたはずだ。コマースバンクのアメリカでの業績はよく知られ、ハーバード・ビジネススクール（ＨＢＳ）の事例研究《ケーススタディ》にも登場する。ヒルのほうも、ロンドンで展開しようとしていたビジネスモデルを隠すことはなかった（許可を得るために規制当局とは何年も議論していた）。真似したい、せめて受けて立ちたいと願う有力企

業に対しても、戦略はオープンにされていた。

にもかかわらず、イギリスの大手銀行は無反応だった。おかげでヒルは、クレイグ・ドナルドソンをCEOに採用できた。今やメトロバンクの急成長を牽引するドナルドソンは、30代の頃、スコットランドのロイヤルバンクの幹部として1万人の従業員を率い、何十億ドルもの収益をあげていた。そしてHBSのエグゼクティブ教育プログラムに参加したときに与えられた課題の一つが、コマースバンクの事例研究だった。これは多くの学びをもたらした。

ロンドンに戻るや、ロイヤルバンクが今後イギリスでどのようにリテールバンキングを展開すべきかの検討を命じられ、ドナルドソンはコマースバンクを訪問するためアメリカに舞い戻った（既にコマースバンクはTDバンクに売却されていたが、中核的な理念は変わっていなかった）。そして、同社に成功をもたらした手法なくしてロイヤルバンクは立ち直れないと確信し、役員会に強く訴えた。しかし結局、コストと人員の削減、支店の閉鎖、オンラインバンキング優先というマッキンゼーの提案が採用された。

ミルトン・キーンズ支店のオープン記念式典で会ったとき、ドナルドソンはこう振り返った。

「あの頃、大手銀行は足並みを揃えていました。コスト削減、支店の閉鎖、誰もが一つの方向へ向かっていたのです。そういうときこそ別の方向を目指すべきだと、私は確信しています。みんなが右に向かうなら、左に行く」。

残念ながら、ロイヤルバンクはそうしなかった。ドナルドソンは、役員会の決定が下された直後にバーノン・ヒルから電話を受けた。ヒルは、イギリス進出の助けとなるロンドンの銀行家を探していた。経験豊かで柔軟な人物でなくてはならない。

役員に提案が却下された矢先の電話に驚きながらも、ドナルドソンは、アメリカでのヒルの経営について熟知していること、役員会でその手法を取り入れるよう進言したことも伝えた。ヒルは言った。「それなら、イギリスでどう実現していくか話しませんか」。

こうしてドナルドソンは大西洋を何度も往復することになる。ニュージャージー州ムーアズタウンにあるヒルの邸宅に長期滞在しながら、戦略について議論を交わし、銀行を回り、ヒルがイギリスに何を作りたいのかを理解した（ちなみに、ヒル夫妻のやることは何もかもケタ違いだ。邸宅の敷地面積は約18万平方メートル、イタリアの宮殿さながらに彫刻が飾られ、滝が流れる庭園があり、いろんな樹木が生育する「レモンルーム」もある）。

ドナルドソンはヒルの邸宅にもビジネス戦略にも感銘を受けたが、何より驚いたのは、ヒルの「並外れた顧客重視」の姿勢だった。とはいえ、最終的に背中を押されたのは、フィラデルフィア国際空港での予期せぬ出来事だったという。

「前回バーノンに会うために渡米したときのことです。通常、空港の係員は乗客に笑顔を見せることも、余計な会話を交わすこともないでしょう。入国審査の男性係員は私のパスポートを見て、こう言いました。『ここ数か月で4度目の入国ですね。目的は何ですか』。

私は、バーノン・ヒルに銀行立ち上げの話を聞くためだと答えました。すると彼はこう言ったのです。『ええっ！　バーノン・ヒルが新しい銀行を作る?!』

そしてガラスの向こうにいる同僚に呼びかけました。『おーいラルフ、バーノン・ヒルが新しい銀行を作るんだってよ！　きっと赤だよ、緑じゃないはずだ』（TDバンクのテーマカラーは緑、コマースバンク、現在のメトロバンクは赤だ）。

私は、新しい銀行はアメリカじゃなくてイギリスなんだと伝えそびれたまま、税関を抜けて外に出ました。そして車に乗り、引き受けることに決めたよ、と妻に電話で伝えたんです。こんな経験は人生で初めてでした」。

他の銀行だったなら、空港の係員はこれほど興奮しなかっただろう。営業時間の長さ、他の銀行にはないサービス。当座預金口座やデビットカードのようなありきたりの商品にも、メトロバンク独自の特徴がある。洗練された設備も愉快なマスコットも明るい従業員も、他の銀行には存在しない。何世紀もの間、同じやり方を踏襲してきたイギリスやアメリカの銀行は、メトロバンクのすべてにうろたえている。

「イギリスの銀行家が同じようなことを始めようと考えたとする。彼は10人の友人を集め、10人のコンサルタントを雇い、なぜやれないのかを示す100の理由を考え出すだろう」とバーノン・ヒルは語る。

「大銀行は我々が何をしているかを理解している。だが自分たちのビジネスモデルの分析となると、お決まりのROI分析を使うだけで、そのモデルがどのように機能しているかを明らかにできない。状況を打破するには、思い切ってやってみることが大事だ。だからこそ、たいていの物事はこれほど退屈なんだ。誰も思い切ろうとはしないからね」。

これこそが、クレイグ・ドナルドソンがロイヤルバンクの幹部として身を持って経験したことであり、メトロバンクの挑戦に対する大手銀行の対応（の失敗）を示すものでもある。

「既存の銀行を見てください。みな同じことをして競争しています。ロイズのテーマカラーは緑、バークレイズは青ですが、扱う金融商品も、支店の営業時間も、何もかも同じなのです。それを競争と呼べるのかもしれませんが、顧客に選択肢があるとは言えません。私たちは選択肢を提示しています。やっていることが違うのです」。

ミルトン・キーンズでの記念式典の最後に、ダフィールド卿とともに登場したシャーリー・ヒルは、メトロバンクが類のない存在であることをシンプルに表現した。

「メトロバンクは私たちのためではなく、顧客のために存在しています。私たちが行うことのすべては、顧客を喜ばせるためです。メトロバンクのメッセージ、姿勢、文化がそのあらわれです。多くの従業員がよその銀行を訪れ、写真を撮り、私に送ってくれます。『ひどいと思いませんか』という言葉とともに。私たちは、ほかの誰もやらないことをやっている。そう心から信じています」。

2章

信じているものしか見えない

情熱、使命感、ひたむきな努力

『フォーチュン』誌の編集者アダム・ラシンスキーは著書『インサイド・アップル』の中で、スティーブ・ジョブズと唯一無二の巨人に成長したアップルの戦略的選択、設計・デザインの原理、ビジネス戦略を詳述した。ことに新規プロジェクトについては、外部は当然のこと、社内にも漏らさないほどの徹底した秘密主義が鮮やかに描かれている。第7章「アップルとのあいだに提携関係は成り立たない」を読むと、パートナーや競合他社に対する厳しい姿勢に驚かされる。製品やパッケージのデザインや細部へのこだわりについても丁寧に分析されていた。

伝説の創業者の本当の姿がほとんど知られていなかったのに対し、後継者ティム・クックのエピソードは有名だ。ジョブズが治療のため休暇を取ると発表したのち、クックは証券アナリストや出資者との電話会議を行った。ラシンスキーによれば、最初の質問は、ジョブズが万一復帰しなければアップルはどうなるのかというものだった。クックはアップルの技術や製品、販売店の詳細は明かさなかったものの、従業員全員が信じていることを、日曜学校で「子どもの頃教わった聖書の言葉を暗唱するかのように」答えた。

「我々は信じています。アップルは優れた製品を作るためにこの地上に存在していて、それは今後も変わることはないと。我々は信じています。複雑なものではなく、シンプルなもののよさを。我々は信じています。幾千ものプロジェクトにノーと言うことによって、真に重要で有意義なひと握りの製品に集中して取り組めると。我々は信じています。社内のグループが緊密に協力することで、他社にはできないイノベーションが可能になると。

率直に言って、どのグループも最高の結果が出るまで満足しないし、あやまちを認める素直さと、変化を厭わぬ勇気を持ち合わせています。誰がどんな業務を担おうと、こうした価値観が浸透しているからには、アップルは抜きん出た業績を残せるはずです。そして、アップルは今、史上最高の仕事をしていると私は固く信じています[1]」。

途方もないことを成し遂げようとする企業やブランドにとっては、何を信じるかが何を売るかと同じくらい重要だ。現代のリーダーがなすべき仕事、戦略や競争の真髄は、他よりほんの少し優れた製品を売り出すことではなく、平均以上のサービスを提供することでもない。既存の知恵に対抗する確固たる原則を考案し、先んじて未来に到達できるようにすることだ。

サイモン・シネックは、優れたリーダーは「ＷＨＹから始める」と言う。「操るのではなく駆り立て」、共通の大義を「支持しようとする者に勇気を出させ」ようとする。そのとおりだ。どの企業であれどの業界であれ、突破口を開こうとするリーダーは、他のリーダーがしようとしない約束をする。なぜなら、彼らは未来について、他のリーダーが持たない視点を持つからだ。イギリスの詩人ラルフ・ホジソンは言った。「信じているものしか見えない」[2]。

起業家や創業者は、2種類に分かれる

世界有数のベンチャーキャピタリストであり、クライナー・パーキンス・コーフィールド・アンド・バイヤーズのパートナー、ジョン・ドーアは、起業家や創業者を2種類に分類する。何を売るかで勝負する者と、何を信じるかで勝負する者だ。**起業家とは「誰もが可能だと考えるよりも少ない材料で、誰もが可能だと考える以上のことをする」人間**だというのがドーアの弁だ。優れた起業家は業界を問わず、傑出した創業者やチーム、優れた技術、信頼や権威あるブランド構築、顧客体験や金融に対する妥当なアプローチ、迅速性に対する取り組みなど多くの特性を備えている[3]。

並みの起業家との明らかな差は、何をするかよりも、何を信じ、どのように振る舞うかによるところが大きい。ドーアが目をかける創業者は、「使命感に燃える者」だ。逆に魅力を

感じないのは「欲得ずくの者」で、どちらにも成功する可能性はあるとはいえ、両者の違いは「世界に存在する違いのすべて」をもたらすと彼は言う。

ドーアによれば、欲得ずくの者は「日和見主義」だ。「売り込み」と「取り引き」だけが大事で、目先の利益を追い求める。一方、使命感に燃える者は「戦略的」だ。彼らが重視するのは「大きなアイデア」と長続きするパートナーシップだ。彼らは「イノベーションは時間をかけるもの」、マラソンのようなものだと理解している。

使命感に燃える者が「意味を見出したい」と強く願うのに対し、欲得ずくの者は「儲けたい」と願うだけだ。欲得ずくの者が競争にとらわれ、「決算書」にやきもきするのに対し、使命感に燃える者は顧客のことだけを考え、「価値提案」にやきもきする。欲得ずくの者は役職にこだわり、「創業一族による支配」に大きな喜びを感じるが、使命感に燃える者は貢献第一で、誰からであれ優れたアイデアを歓迎する。欲得ずくの者は成功を求め、使命感に燃える者は「成功できる存在になること、重要な存在になること」を重視する。

両者を最初に区別したのは、同じくクライナー・パーキンスのパートナーでもあるランディ・コミサーだ。欲得ずくの者は「衝動」で動き、使命感に燃える者は「情熱」で動くと考えていたようだ。どこが違うのかって？　「情熱と衝動とはまったく違う」とコミサーは自著で述べている（『ランディ・コミサー　あるバーチャルCEOからの手紙』は、今もシリコンバレーの起業家のバイブルだ）。

衝動は「やらなくてはいけないことや、やらなくてはいけないと感じることにあなたを向かわせる」が、情熱は「抗いがたいものにあなたを向かわせる」。その違いは、自分が何者か、何を信じるかで生まれる。「自分のことをよく知っていなければ、この違いを理解できない。少しでも自分を知れば、情熱を抱くことができる[4]」。

簡単には手が届かない目標かもしれない。だがこれは、過酷な競争が続く業界で大きな成功を収めたイノベーターを研究しながら、私が繰り返し学んできた教訓でもある。

今やマーケティングのお手本となった、グレイトフル・デッド

カリフォルニアのロックバンド、グレイトフル・デッドは、独特のサウンド、熱狂的なファン、斬新なビジネスモデル（当時の多くのバンドと異なり、レコーディングよりもライブによってほとんどの収益を得ていた）によって、ポピュラー音楽史に燦然と輝く。

カウンターカルチャーのシンボルだったグレイトフル・デッドは、今やマーケティング事例や創造性の本質を考える材料となっている。『グレイトフルデッドのビジネスレッスン＃』は、バンドの創造性や人気者であり続ける力から学べる教訓を紹介し、ジャーナリストやマーケターに支持された。著者のバリー・バーンズは次のように記している。

「緩やかなマネジメントを取り入れ、柔軟性を重視し、枠組みに縛られないことで、グレイトフル・デッドはその後企業が取り入れるような戦略や手法の先駆けとなった。彼らは顧客サービスを重視し、顧客を喜ばせ続けることが利益の増加につながると理解していた。浮き沈みはあったが、常にイノベーションと改善を怠らなかった。自身や音楽、ビジネスを改良

し続けない限り、決して満足しなかった。危機や絶え間ない変化に苦しむ現在のビジネスの世界で、これ以上重要な教訓があるだろうか」。

ロック界の伝説的プロモーターで、自身も一流の演奏家だったビル・グレアムは、グレイトフル・デッドはなぜこれほど成功したのかと問われたことがある。グレアムの答えは、バンドの歌やツアーのすばらしさでも、音楽ビジネスに対する先進的アプローチでもなかった。「衝動」ではなく「情熱」、使命感や目的、何を成し遂げようとしているのかが彼の答えだった。「グレイトフル・デッドがやっていることはすばらしいが、それだけじゃない。ほかの誰にもできないことをやっているんだ[5]」。

競争の激しい分野で特別なことを成し遂げるために必要な考え方や姿勢、視点について、これ以上うまく表現することはできない。大勢の中で一番になることは、企業にとっても個人にとってももはや目標ではない。目指すべきは、ほかの誰にもできないことをやることだ。「欲得ずく」ではなく「使命感」を持って、リーダーとして仕事に向き合うことが必要だ。

ファストフード業界で、突き抜けた存在となる

ジョン・ドーアがベンチャーキャピタリストとして30年以上資金を提供してきたのは、生命科学、eコマース、モバイルアプリなど最先端のダイナミックな領域の「使命感に燃える

者」たちだ。サンフランシスコやシアトルの世界を動かす野心的イノベーターに限定されるわけではなく、スマートフォンのような技術を持たず、ソーシャルメディアに注目される人気企業が存在しない業界にも適用できる。最先端のビジネスでなくても、競争に勝つための大胆なアイデアは生み出せるのだ。

ありふれた環境でも特別なことはできる。確かめたければ、テネシー州キングスポートに向かうといい。パルズ・サドン・サービス（Pal's Sudden Service）でソースバーガーやフレンチフライのLサイズなどの人気商品を注文してみよう。よだれの出そうな商品（カロリーに注意！）を持ち帰り、パルズが与えてくれる重要な教訓についてじっくり考えるのだ。驚くようなアイデアは思いもよらぬ場所で浮かぶ。パルズもそうだ。ここで学んだことは、しっかりと腹にたまり、もっと学ぼうという意欲を持たせてくれるだろう。

パルズの外見は、他のハンバーガーショップと変わらない。アパラチア山脈とグレート・スモーキー山脈の中間にあるキングスポートに本社を置き、テネシー州北東部とバージニア州南西部にある28店舗は、すべて本社から130キロ圏内にある。ハンバーガー、ホットドッグ、チキンサンドイッチ、フレンチフライ、シェイクなど、メニューはごく普通だが、味や品質は高く評価されている。かくいう私も、ここのフレンチフライが無性に食べたくなるときがある。しかし、それだけじゃない。パルズには他社にないものがある。

すぐにわかるのは、スピードと正確さに対する異常なほどのこだわりだ。店内に座席はなく、ドライブスルーのみ。顧客は車の窓を開けてオーダーし（やかましいスピーカーはない）、建物の反対側に回って袋を受け取り、去っていく。すべてが車の窓を開けてから平均18秒、注文が確定してから平均12秒で行われる。国内でパルズの次に速いチェーンと比べても4倍も速い。

創業者フレッド・パル・バーガーが数十年前に店を開く際、他のファストフード店よりも圧倒的に速いことを打ち出したかった。そこで〝ファスト〟より速い言葉として、〝サドン〟サービスと命名したのだ。「おいしいものを超特急で」というのが同社のスローガンだ。

しかも、あきれるほど正確だ。車内でロゲンカする家族、騒がしいティーンエイジャー、仕事帰りでくたくたの会社員が20秒以内で通り抜けるのだから、間違えても不思議はない。ところが、ミスは注文3600件当たり1件。平均的なファストフード店の10分の1で、完璧に近い。たった12秒で立ち去っていけるのは、袋の中身を確認する必要がないからだ。「スタッフがいちいち袋を空けて確認することはありません。注文どおりだとわかっているからです」と語るのは、「パルズ・ビジネス・エクセレンス・インスティテュート」のインストラクター、デビッド・ジョーンズだ。「注文を間違えることはあってはなりません。絶対に！　ほとんど正確というのと、常に正確であるのとは大きな違いです。私たちは、常に正確を期しています[6]」。

誤解なきよう言っておくが、パルズは注文を即座に正確に生産するだけのロボット工場ではない。店舗は実に奇抜だ。階段のような建物の外壁は青く塗られ、ハンバーガー、ホットドッグ、飲み物のカップ、フレンチフライの巨大な模型が飾られている。初めて行ったときには、店の前で写真を撮ってもらおうと、車から飛び降りかけた（自撮りは苦手だ）。どの店舗でも、外の掲示板に「夢を追いかけよう」などの標語が掲示され、ウェブサイトやフェイスブックにもアップされる。スピードと正確さを保つため、メニューはほぼ決まっている。ただし、期間限定で特別メニューを提供することもある。熱心なファンは、定番メニューをアレンジした「裏メニュー」を注文する。

効率性の追求と強烈な個性、まさに「灯台のようなアイデンティティ」を備えたパルズは、クイックサービスの領域で群を抜く顧客ロイヤルティを獲得している。地域の「熱狂的ファン」に愛されていると業界誌は評したが、それも誇張ではない。パルズの常連客は平均して週3回来店する。マクドナルドは月3回だ。

健康はともかく、収益への影響は明らかだ。わずか100平方メートルの店舗の平均年間収益は200万ドル、1平方メートル当たりの収益は国内のどのファストフード店も及ばない。マクドナルドの優良店でさえ3分の1程度だ。

しかし真に興味をそそるのは、従業員の雇用、訓練、同社の成功から学びたいと熱望する他社とのアイデアの共有など、すべてにおいて綿密で適切なアプローチだ。ファストフードという地味な領域ながら、パルズは私が知る中でも最も熱心に取り組み、最も思慮深く、最も知性あふれる企業である。

2001年には、キャデラックやフェデックス、リッツ・カールトンも受賞した「マルコム・ボルドリッジ賞（米国国家経営品質賞）」を、レストラン企業として初めて受賞した。この業界の受賞者はその後も1社だけで、しかもパルズを研究し尽くした成果だった。

１９８１年にパルズに参加し、１９９９年からＣＥＯを務めるトーマス・クロスビーはこう語る。

「アスリートの動きのすべては流れるようにスムーズに見えます。しかし、その裏には驚くほど時間をかけた地道な努力があるのです。我々も同じです。スピードを評価されていますが、店舗にタイマーはありません。プロセスの設計、品質、従業員の雇用と訓練に細心の注意を払っているのです。顧客体験の主な要素、我々が力を発揮できる物事に的を絞り、誰もが流れるようにスムーズに行動できるまで取り組みます。スピードはその結果もたらされるものであって、訓練の中心ではありません」。

だとしたら、訓練の中心は何なのか。店内に座ることもカウンターで注文することもなく、わずかな時間で商品を受け取るだけなのに、これほど従業員との一体感を感じられるのはなぜか。

「お客様が店に来てくれるのは、我々と過ごすためではありません。追われるような毎日の生活が、ほんの少しでも楽になればと願ってやって来るのです。我々はその手伝いをするだけです。ですから、『お飲み物もいかがですか?』と提案することはありません。お客様は大人ですから、何がほしいかはわかっています。余計な提案は不要です。我々はお客様の時間を取り戻します。商品の入った袋を渡すときには、すべてが注文どおりだと自信を持っていいます。あとはアクセルを踏んで目的地に向かってもらうだけです」。

面白味のない作業を、なぜ完璧に行えるのか？

バーガーやフレンチフライを手際よく用意するという面白味のない作業に、どれほどの注意が払われているのか。クロスビーや従業員がどれほど仕事に思い入れを持っているのか。こういったことは外から見ただけではわからない。しかし、パルズという企業がどのように経営されているかは垣間見ることができる。

従業員は28店舗で約1020人、90％はパートタイムで、その40％は16～18歳だ。扱いにくい年頃の若者に対し、パルズは独自の選別システムを編み出した。優良従業員の態度や特性をもとにした60点満点の心理測定調査によって、有能な従業員になれる可能性があるのは誰かを予測できる。候補者は、「ほとんどの場合、私は自分に満足している」「会ったばかりの人間を信頼できる」「自分の意見を主張することは、誰かにそれを受け入れてもらうための一つの方法だ」といった文章に賛成か否かを答える。

採用後は、研修と習熟度テストが繰り返される。独り立ちまでに受ける研修は120時間に及ぶ。バーガーを焼く、フレンチフライを作る、シェイクを混ぜる、注文を取るといった作業の認定を受けなくてはならない（たいてい8種類ほど認定をもらい、1つ2つの担当者になる）。

配属後はすべての店舗で、抜き打ちテストが行われる。コンピュータがシフトごとに毎日2～4人の従業員をランダムに選び、不合格の場合には、再度挑戦する前に再訓練が行われる（従業員は毎月平均2、3種類の抜き打ちテストを受ける）。

目標は、従業員全員が担当作業に習熟し、得意な作業で能力を常に最大限発揮することだ。その店舗の顧客数が対応できる上限（100％）に達しているときでさえ、営業時間のすべて（100％）で可能な限りの作業（100％）を遂行する。同社はこれを「トリプル100」と呼ぶ。

アメリカンフットボールの名コーチ、ヴィンス・ロンバルディはこう言った。「完璧にやり遂げることは容易ではないが、完璧さを追い求めれば優れたものを手に入れることができる」。クロスビーの表現はこうだ。「我々は〝修了証〟よりも実績を重視します。ほとんどの企業は、従業員を訓練し、等級づけたところで止まってしまう。しかし、機械が狂うように、人間もいつも同じ状態でいられるとは限りません。だから我々は教育を重視し、訓練を怠らず、従業員を指導するのです」。

指導のほとんどは、優れた行動の強化によって行われる。「物事を常に的確に行わせる」のだとクロスビーは言う。

「従業員が作業を適切に行っていないとしたら、それは彼らではなく、教育や訓練の問題なのです。我々は成功を促すチアリーダーです。従業員に成功してほしいと思うのであれば、積極的に教育しなくてはなりません。そのために我々は、教育を文化の不可欠な一部とみなしています。毎日、教育と指導を行っているのです」。

従業員候補を厳しく精査し、長時間の訓練を行い、作業効率や習熟度を何度も見直すのであれば、職場の空気はさぞピリピリしているだろう。従業員は抜き打ちテストとその結果に戦々恐々に違いないと、私は予想していた。

ところが、実際は逆だった。カウンターの奥も調理場も倉庫も、実に静かで整然としていた。システムが入念に設計され、誰もが十分な訓練を受けているために、騒々しさもギスギスした冷たさもなく、迅速に作業が進められていた。

従業員だけでなく、競合や外部まで――教育のメンタリティ

従業員も、顧客と変わらぬ愛着をパルズに持っている。離職率は驚くほど低い。創業以来33年間で、自己都合で退社した店長は7人だけだ。副店長の年間離職率はわずか1・4%、競合を渡り歩き、業界から足を洗う者の絶えないファストフード業界ではめずらしい。接客はパートタイムや高校生のアルバイトが担うが、たいていの企業は彼らの扱いに手を焼く。しかし、ここでも離職率は業界平均の3分の1だ。

「『こんなに時間と資金を研修に注ぎ込んでおいて、従業員が辞めたらどうするんだ？』と聞かれることがあります。そこで私は、『時間と資金を注ぎ込まなければ、従業員は辞めないのかな？』と聞き返すのです」と、クロスビーは語る。

クロスビー自身も、従業員教育の一環として読書会を主宰する。パルズには経営幹部向け必読書リストがあり、マキアヴェリの『君主論』、『孫子』、デール・カーネギーの『人を動かす』、マックス・デプリーの『リーダーシップの真髄』といった時代を超えた名著から、品質やリーンマネジメント、日々の実践に関する専門書まで21冊に及ぶ。

読書会では、隔週月曜日に各店舗から5人のマネジャーが招かれ、リストの1冊について議論する。「5人はその本を読み、意見を発表しなくてはなりません。その本から何を学んだのか、パルズでの仕事にどのように活かせるか、どこを変えていくつもりか、部下に対してはどのように役立たせることができるのか」。

そのほかにも、クロスビーは毎日少なくとも1つテーマを選び、従業員の1人を指導する。これはパルズのリーダー全員に課されるものだ。毎日の研修には、実に勤務時間の1割を費やす。私が訪問した日、クロスビーは3人の従業員への研修を予定していた。

1人目は、その従業員自身の生産性について。「仕事が完了したと言えるのはいつですか？作業を終えても、まだ関連した作業が残っている場合があります」と従業員に問いかけた。

2人目は、ビジネスの創造的な側面について。「私はいわゆる『シェフのメンタリティ』について話しました。我々は多くの時間をプロセスに費やしています。しかし、我々は飲食業界にいるのですから、シェフのように考えなくてはなりません」。

3人目は、マネジメントの古典的テーマである売上予測システムを活用し、いかに店長と協力していくかについて。「こういった学問的な研修も必要です。重要なテーマについて、必要とする従業員に教えれば、ブランドとしても企業としても、大きな変化をもたらすことができるでしょう」。

「教育のメンタリティ」はパルズの文化の根幹にあり、成長戦略にも影響している。目覚ましい成長ぶりや名声にもかかわらず、同社の成長戦略はかなり控えめだ。この10年で独自のスタイルを持つクイックサービス方式（イン・アンド・アウト・バーガーなど）が広く知られるようになり、投資家の注目を集めている。地域の象徴となるほどのパルズ人気を考えれば、もっと積極的に他の地域に進出することも可能だろう。

私はクロスビーに尋ねてみた。なぜパルズの成長戦略はこれほど控えめなのか。

「もっと急速に成長することもできるでしょう。大きくなれば、今以上に成長が加速されるはずです。しかし、我々は非常に保守的なのです。規模については、間違った考えが多いと思います。成長は不動産や金融資産の増加を意味していると考えられていますが、我々にとっての成長は、人であり、リーダーシップの成長なのです。我々は、うちにはもったいないと言えるほど優れたリーダーを育てようと考えています。成長は、市場や顧客の拡大だけではありません。何よりも人なのです」。

従業員教育だけではない。特にボルドリッジ賞を受賞してからというもの、優れたマネジメントはビジネス界の伝説となり、他社の幹部から教えを乞われることも増えた。そこで、ありふれた世界で抜きん出る方法を外部に教える「パルズ・ビジネス・エクセレンス・インスティテュート（PBEI）」が創設された。

毎月、あるいは2か月に一度、キングスポートで2日間の特別クラスが開かれ、同社の傑出した成功を支えるアイデアやシステム、手法、技術が紹介される。多様な領域から受講生が集まり、どのクラスも開講の何週間も前に満員になる。

私が参加したセッションには、クイックサービス業界はもちろん、ホスピタリティ業界、製造業、建設業、バレエ団、公立学校から派遣された参加者がいて、中には4度目の受講だという者もいた。「一種のカルト」だという冗談も出るぐらいで、いずれにせよ、情熱や意欲をかき立てるのは確かだ。テキサス州オースチンのK&Nマネジメントは、成功の秘訣を学ぼうと、9年間で14回も従業員をパルズに派遣した。そして、パルズ以外で初めて、飲食店でボルドリッジ賞を受賞した。

パルズが他社を引きつける理由は何か。その原動力は何か。手軽さ第一のファストフードのような業界で、完璧さを追求し続ける情熱を、どうやって維持しているのか。講師の話に耳を傾け、周囲の受講生を見ているうちに、「使命感に燃える者」の姿勢、講師と受講生が共有する「自分たちは特別なものを築いている」という自負、業界他社より広い視野を持ち、高い目標に向かわんとする姿勢を、私は理解できるようになった。

PBEIの共同創設者で所長のデビッド・マクラスキーは、2日間の特別クラスの冒頭で、受講生全員に関わるメッセージを伝えた。これは読者諸氏も必見だろう。

「私は〝並みの〟企業を非常に尊敬しています。**ほとんどの業界では、並みの存在でいることさえ、容易ではないのです。**

その一方で、我々は〝抜きん出た存在〟になることを選んでいます。それは選択の問題であって、世界があなた方にそれを求めているわけではありません。

〝抜きん出た存在〟になるためには、戦わなくてはなりません。毎日、自問しなくてはなりません。『普通のリーダーがやろうとしないことで、私がやろうとすることは何だろう?』

抜きん出た存在になれと、誰かから強制されるわけではありません。抜きん出た存在になることを、自分自身に求めなくてはならないのです」。

リーダー自らが「有言実行」を示しているか

優れたリーダーは「有言実行」だというのは、企業経営をめぐる普遍的な名言の一つだ。自身の日々の態度や行動は、同僚や部下、経営全般に対して求めるものと一致しなくてはならない。市場を創造するイノベーターや急成長企業について知れば知るほど、リーダーは有言実行たるべしとの思いが私の中で強くなる。何が、なぜ大事なのか、どのように勝とうとしているのか。自分の業界がどうであろうと、同僚や顧客を引きつける言葉で説明できなくてはならない。

つまるところ、ビジネスの世界で唯一持続可能なのは、「ソートリーダーシップ（Thought Leadership：理念、志、思想に周囲を巻き込むリーダーシップ）」である。だからこそ、**ビジネスについてのリーダーの考え方が違えば、それについての語り方も違ってくる**。

メトロバンクのバーノン・ヒルは、言葉の重要性を熟知している。自身の人生やビジネスの教訓について触れた本をイギリスで出版したときには、メトロバンクにとって特に重要な、全従業員がその原動力を理解するために役立つ41の言葉や文章を掲載した。

パルズ・サドン・サービスは、独自の語彙を持つだけではなく、教育用ソフトウェア、読書リスト、授業計画など、同社を駆り立て、業界のありふれたプレイヤーと区別するアイデアを的確に表現した独自の「カリキュラム」を持つ。

SOLのリーサ・ヨロネンや経営幹部は、同社の経営システムについて詳細に説明する。現場の従業員の役割や責任を重視する姿勢を共有していなければ、簡単に真似ることはできないが、部外者であっても無類のアイデアに触れることはできる。

言葉で心をつかむ、クイックン・ローンズの言語システム

私が言葉の力をひしひしと感じたのは、クイックン・ローンズのオリエンテーションに参加したときだ。オンラインで住宅ローンの融資を行う同社では、新しいメンバーに対するオリエンテーションがおよそ6週間続く。創設者は、富豪のダン・ギルバート。バスケットボールのクリーブランド・キャバリアーズの熱血オーナーであり、デトロイトの経済復興戦略を牽引するビジネス界のリーダーとして知られる。

クイックン・ローンズは急激な成長（2013年以降、2000億ドル相当の住宅ローン契約を成立させ、住宅ローンではバンク・オブ・アメリカに次ぐアメリカ第2位）、評判のいい顧客サービス（JDパワーの「顧客満足度調査」では常に常連）、開放的で熱意に満ちた社風（フォーチュンの「働きがいのある会社」ランキングで毎年ベスト100に選出）などで知られている。だが、すべての成長と成功の背後にあり、戦略やサービス、社風に対するアプローチの中心にあるのは、社内の文化を定

義し、使命感を育む「言語システム」である。どのように言葉を活用しているかを知らずして、その成功は理解できない[7]。

ギルバートとCEOのビル・エマーソンは、この言語システムを「ISM《イズム》」と名づけ、活発にテンポよく進むオリエンテーションを「ISMの実践」と呼ぶ。ISMは、「数字や儲けはあとからついてくる」「イノベーションは報いられ、実践は称えられる」「明快さこそ真髄だ」「その1秒が意味を持つ」「我々は1つのチームだ」など、同社の真髄をとらえた哲学や価値観、姿勢を簡潔に述べた文章で構成される。

全8時間の経営幹部向けコースは、これまで私が参加した研修のどれとも違っていた。ギルバートとエマーソンが単独で、あるいは2人揃って登場し、スライドショーとともにユーモアを交えながら、ISMをテーマに苦労話や心に響く話をした。10分か15分で終わるものもあれば、1時間以上続くものもあるが、いずれにせよ、まったく新しい言語に一日中浸る貴重な機会だ。

情熱的で自信に満ちた経営者が、言葉の力を用いて部下の心をつかみ、行動を導く姿を目にする機会でもある。「物事は、最初は簡単でも、最後には難しくなるものだ」とエマーソンはプレゼンの最初に警告した。「あなたなら、今のあなたとビジネスしようとするか？」と問いかけたのはギルバートだ。

参加者の何人かは、初参加ではなかった。クイックン・ローンズのあり方を定義する言葉を学び直す好機と考え、有言実行を重んじる創業者とCEOの姿勢を見に来ていた。「大事なことは、我々が何をするかではなく、我々が何者であるかだ」とギルバートは呼びかける。「自分が何者であるかがわかっていれば、下すべき決断すべてがはるかに容易になる。決断が容易になれば、物事は速く進む。明快さ以上に明快なものはない」。

私が参加した日、会場であるデトロイト・マリオットのルネッサンスセンターには1000人以上が集まっていた。私が最初に気づいたのは、参加者の腕に巻かれていたゴムのリストバンドの文字だった。「信じているものしか見えない」。ラルフ・ホジソンの名言で、これもISMだ。大音量で音楽が流れると、ギルバートとエマーソンが聴衆に手を振りながら登場した。

「我々が必要とする〝あと一歩〟は、どこにでもある」。製品を生み出し、プロセスを改善し、コストを削減し、大きな勝利をもたらすための小さな機会は、身の回りに無数に転がっているという意味で、これもISMだ。だとしたら、言い訳は許されない。

「常に即座に対応することが勝つための手段だ」というISMには、誰もが同意するはずだ。ギルバート自身も、ジョークや辛辣な言葉を交えつつ、クイックン・ローンズでは受けた電話やメールをその日の営業時間内に必ず返信しなくてはならないと強調する。

「我々はこのことに強くこだわっている」と声を大にする。「我々は〝異端児〟なのだ」(バーノン・ヒルやメトロバンクの従業員も同じことを言っていた)。「誰かが忙しすぎてやれないのなら、私が代わりにやろう」。ギルバートはそう言って直通電話番号を伝え、困っている同僚の代わりに必ず返事すると約束した。

同社の台頭を支えたアイデアや洞察力をめぐる滑稽な話、賢明な助言、急成長の歴史が語られたものの、2人の話の中心は、19のＩＳＭの繰り返しだった。会場の雰囲気から講演の細部まで、すべてがＩＳＭの実践そのものだった。

１９８２年にはペンシルベニア州立大学のフットボールチームの一員だったエマーソンが、自らＩＳＭを体現している姿に私は圧倒された。人との関わりにおいてボディランゲージの持つ力について語り、たとえ電話越しのコミュニケーションであっても必要だと強調した。受け身でいることの弊害を強調するため、無表情でステージに立って見せた。「座りっぱなしでは熱意を生み出すことはできません。人と関わり、動き回らなくてはならないのです」。

誰よりも、どこよりも、ひたすら練習を重ねる

さらに驚かされたのは、社内を回ったときだ。どの部署でもリーダーはＩＳＭを身をもって示していた。たとえば、「今より少しでも優れた方法を徹底して追求する」というＩＳＭがある。その実践のため、10年以上前に「ネズミ取り」と呼ばれる部署が設けられた。メンバーの役割は、業務をもっと賢く速く、一貫して、しかも低コストで進めるための小さな手段を探すことだ。一方、「チーズ工場」と呼ばれる部署は、業務の改善、アイデアの精査と導入についての意見を社内中から求める。１年で７０００件以上の提案を受け、１０００件以上を導入したという。

クイックン・ローンズには１２００人のＩＴ専門家がいて、「バレット・タイム」（撮影技

法の一種だが、説明は長くなるので省略しておく）というプログラムを通して、矢継ぎ早にイノベーションを行っている。毎週月曜の午後、4時間かけて、単独またはチームごとに対象となるプロジェクトを選び、独自のペースで作業を進める。対象となるのは、現在中断中のプロジェクトだ（必ずしも利益に直結しなくてもいい）。

「イノベーションは昔のように、実験室で半年か1年もの時間をかけて、破壊的技術をひそかに生み出すものではありません」と、２０１１年にバレット・タイムをスタートさせたビル・パーカーは語る。「もしも落雷を１０００回起こすことができるなら、あちこちで火事を起こすことができるでしょう。物事が生じ、進展するのも同じ理屈です」。

最も説得力があり、業績とリーダーの使う言葉との直接的な結びつきを示すのは、住宅ローン担当者の採用や研修で用いられている手法だ。彼らは最前線で活躍し、潜在顧客からの電話をさばき、信用力を評価し、個人資産を整理し、目標を設定し、公的書類を作成し、インターネットや電話で融資を実現する。手際のよさと細部へのこだわりが必要で、精神的にも負担の大きい仕事だ。処理件数は毎月１０００件を超える。つまり、ＩＳＭが強調するような集中力、サービス水準、即応性をまだ満たしていない多くの機会があるということだ。

10年以上幹部採用を担当しているミシェル・サルバトールは、だからこそ同社が採用する住宅ローン担当者で、銀行業界出身はわずか20％だという（急成長中ゆえに常時１０００件以上の求人を行い、約１３０人の候補者にインタビュー、評価、経歴の確認などを行っている）。オハイオ、アリゾナ、ノースカロライナ州の支社で働くスタッフのほか、デトロイトだけでも毎月１２５人以上の住宅ローン担当を雇用している。「業界での経験は重視していません。よそで学んだことから離れて、新たに研修を行うからです」とサルバトールは語る。

研修とリーダーシップ開発を担当する副部長トニー・ナッコールズは1996年に入社後、郵送による融資申請手続きの導入に尽力し、同社の台頭を促した。彼も同じことを強調する。「真っ白なキャンバスのままで来てもらえば、我々の考え方、振る舞い方、顧客に対する接し方など、我々のやり方を訓練し、教え込むことができます。銀行業界出身者の場合には、習慣や癖を修正するのは実に大変です」。

「バンカー育成研修」と呼ばれる新人研修はかなり専門的で、法律や規則、ソフトウェア、信用販売、金融分析など、ライセンスを持つ融資専門家が必要とする高度なスキルを含む。その一方で、最低でも半年続くコースの中心は、同社で能力を発揮するためのサービス、エネルギー、意思決定、問題解決、コミュニケーションなど、ギルバートとエマーソンが体現するISMを直接的に示す行動だ。

「ひたすら練習を重ねます」とナッコールズは説明してくれた。「誰よりも練習を重ねるのです。顧客との電話応対も聞き直して分析します。NBAチームが試合の映像を見直すように、電話での応対をチェックするのです。優れた応対はどのようなものなのか、我が社の水準を明確にするのです。

優れたローン担当は優れた聞き手でもあり、顧客の本当の目的を見極める方法を知っています。すぐやることの意味を知っています。我々が適切に人材を選んだなら、選ばれた者は、当社の住宅ローン担当者になることが、これまでと違ったまったく新しい体験であることを理解してくれますし、ここでの仕事を気に入ってくれます」。

II

DON'T LET WHAT YOU KNOW LIMIT
WHAT YOU CAN IMAGINE

知識が想像力の邪魔をする

専門性は大事だが、イノベーションの邪魔になることもある。
流動的な世界において大きな違いを生み出すのは、
業界の論理はもちろんのこと、
自身が成し遂げた成功を超えようとする者たちだ。

3章 専門性の「罠」を超えて

成功がアイデア発見を妨げる

コネチカット州ニューヘイブンの5月はまだ肌寒い。午前4時20分、日が昇るまでまだ1時間以上あった。もう一度ベッドにもぐりこみたい衝動を抑えて、私はニューヘイブン・グリーンを歩いていた。周囲を見回せば、歴史の重みに圧倒される。

1638年にこの都市の創設者によって建てられた3棟の美しい教会堂は、キリストの再臨をともに迎える信者を収容できるほど広い。すぐ西にはイェール大学のキャンパスにつながるフェルプス・ゲイトがあり、「光と真実（Lux et veritas）」という気高いモットーが掲げられている。植民地時代のニコラス・キャラハン・ハウスは大学のいわゆる秘密結社の拠点でもある。こういった富と特権の砦は、現在も一流大学の謎の一面だ。白い羽目板の建物には会員以外は誰も入れない（なるほど、「光と真実」にふさわしい）。

私が朝早くから歩き回っていたのは、気高いピューリタンの歴史を味わうためではなく、学生寮でぐっすり眠る優秀な学生たちの目覚めに立ち会うためでもない。ニューヘイブンのホームレスに会い、話をするためだ。最初は気がつかなかったが、あちこちに大勢のホームレスがいた。ベンチや教会の階段に座っている者もいれば、路地に入り込んで目立たない者、レストランの出入り口近くに丸まって横になっている者もいる。太陽が昇るにつれ、どこからともなくあらわれる。ラッシュアワーさながらだが目立たず、誰もが孤独で静かだ。

私は、世間から見落とされている人々に光を当てようとする180人のボランティアと一緒に、この地に来ていた。ソーシャルワーカー、教会の関係者、大学生、慈善福祉団体ユナイテッド・ウェイのボランティアなど大勢の人々が、「100日チャレンジ」と呼ばれる取り組みに参加していた。この地域では120人ほどのホームレスが常時路上で暮らしていると言われている（ホームレスの数自体はもっと多いが、大半は1年以内に住みかをみつける）。

「100日チャレンジ」の第1ステップは、長年苦しんでいるホームレスをみつけ、写真を撮り、経歴や病歴を聞き取り、誰が暴力や病気、死の危険と隣り合わせかを分析することだ。誰もが積極的に身の上話をするわけではないが、口が重い者も、マクドナルドのギフトカードをもらえば口を開く。相手に寄り添いながら静かに、手早く（10分以内で）質問が行われ、回答に基づいてホームレス一人ひとりの「脆弱性指標」が作成される。

「路上や避難所での生活を始めてどれくらいですか」

「過去6か月の間に、救急車で病院に運ばれたことが何回ありますか」

「やりたくないことを誰かに強制されたり、そそのかされたりすることがありますか」

「毎日の行動の中で、生き延びるためだけではなく、楽しみや喜びを感じながらやっていることがありますか」。


回答を分析したあとのステップは、緊急性の高い者に速やかに住まいをみつけることだ。1週間避難所に放り込むのではなく、寒さをしのげる一夜限りの居場所を与えるのでもなく、長く暮らせる住宅かアパートをみつける。彼らが清潔であろうとなかろうと、素面《しらふ》であろうとなかろうと（この2つは住宅支援の条件となる場合が多い）、健康に留意していようといまいと（これも条件となる）関係ない。「100日チャレンジ」は、ホームレスを管理するためでも、支援を受けるにふさわしい者を選別するためでもなく、慢性的ホームレス問題に終止符を打ち、路上での死者をなくすための取り組みだ。

特に目を引くのは、明確な目標を掲げている点だ。実施が発表されてからちょうど100日目の7月30日までに、地域のホームレスの75%に住まいをみつけるという。それだけではない。ニューヘイブンで起きていることは、新しいホームレス解消法を大胆に提案する全国規模の運動の一部なのだ。この運動は強い影響力を持つ大きな流れを生み出し、長年ホームレスに関わってきた経験豊かなリーダーの間に定着している前提をも覆している。

ホームレス解消運動「10万人に住宅を」

「10万人に住宅を」という運動は、2010年7月、ニューヨークを拠点とするコミュニティ・ソリューションズによって発表された。目標は、4年以内に国内の慢性的ホームレス10万人に定住できる住まいを提供すること。ただし、政府の財源の大幅増加は当てにせず（ほとんど希望は持てなかった）、目標をどうやって達成するかは明示せず（臨機応変をモットーとする）、それでも目標を達成できると確信していた。マニフェストでは、明確な方針と、厄介な問題に取り組むための完全に新しいモデルが提示され、「ホームレスの問題を管理するのではなく、解決するときが来た」と宣言した。

マニフェストに示された第一の方針は「住居優先」。「ホームレスに対する唯一の永続的解決策は定住できる住まいの確保である。それなのに我々は、根本原因ではなく、〝ホームレス〟という状態に対処している」。

第二の方針は、「そこにいるのは誰なのか」。「路上にいるホームレス一人ひとりの名前、健康状態や住宅ニーズを明確に把握しない限り、国内のホームレス問題を解決することはできない」。

第三の方針は、「進捗を記録する」。「すべてのコミュニティがホームレス問題への取り組みを積極的に記録し、毎月の進捗を測定し、達成度をあげるために調整を行う」。

最終的には、186の都市と町がマニフェストの基本方針を採用し、慢性的ホームレス状態にある住民に定住先をみつけるための地道な取り組みを始めた。運動が広がると、各地の活動家はコミュニティ・ソリューションズの支援を得て、成功例や失敗例を報告して経験を共有するとともに、自分たちが試した手法の他の地域での応用について提案した。

２０１４年7月30日、ニューヘイブンのホームレス１０２人に住宅が提供され、「１００日チャレンジ」が終盤を迎えた頃、「10万人に住宅を」キャンペーンの成果が発表された。国内で慢性的ホームレス10万５５８０人の定住先が決まったことは、まさに画期的な出来事だった。言うまでもなく、これでホームレス問題が解決したわけではなく、経済情勢やメンタルヘルスへの投資、その他あらゆる社会経済的要因に左右される。だが、1年以上避難場所を持たなかった者については、進歩は明らかだ。

「大きな問題、重要な問題を解決する以上にワクワクすること、満足できることがあるでしょうか」。コミュニティ・ソリューションズの創設者兼会長で、「10万人に住宅を」キャンペーンの責任者でもあるロザンヌ・ハガティは私に問いかけた。

「ソーシャルサービスに従事する人のほとんどは、問題を解決して満足しているわけではありません。私の知る限り、安定した生活のためにホームレスに関わる仕事を選んだ人はいません。私たちはホームレスに住まいを提供する道筋をつけたけれど、それは抜本的解決にはなっていないのです。それぞれの団体に対しては、似たようなことをするのではなく、自分たちなりのやり方で取り組むよう求めています」。

建物ではなく「生身の人間」に焦点を当てる

ロザンヌ・ハガティは、社会福祉分野の常識に果敢に挑戦するようには見えないが、ホームレスの支援に多大な影響力を持ち、決してひるまない人物として知られている。25年以上前から、その手腕はメディアを賑わし、JPモルガン・チェース、ベン&ジェリーズなどからも強力な支援を得てきた。マッカーサー・フェローの「天才助成金」も得ている。1990年には「コモン・グラウンド」という団体を設立し、ニューヨーク市で使われていない不動産を入手してホームレスのための機能的設備に変えるという戦略で支持と評価を得た。

最初のプロジェクトは、3600万ドルをかけたタイムズスクエア・ホテル(652室)の改修で、1993年にオープンすると大きな反響を呼んだ。次は1999年、かつては地域の象徴的存在だったプリンス・ジョージ・ホテルの416室を4000万ドルをかけて改修し、低所得層の成人や慢性的ホームレス状態にある者、HIV/AIDSの患者の住まいとした。そのほか、マンハッタンやブロンクスのホテルをそれぞれ数千万ドルをかけて改修している。

「ホームレスの避難所のほとんどにはバスルームがありません。改修されたプリンス・ジョージ・ホテルは重厚でエレガントであり、行き場のない人間のための住まいというより、昔の映画のワンシーンに入り込んだかのように感じるでしょう」と、『ウォール・ストリート・ジャーナル』紙のインタビューに答えている。同紙はハガティの活動とともに、コモン・グラウンドが手がけた不動産を詳細に紹介、「すみずみまで行き届いた（建物の）再生」に驚きを隠さず、建築家ハワード・グリーンレイが設計した「（広間の）格天井の修復」にも言及している。

コモン・グラウンドは1990年から2011年の間に、ニューヨーク市やいくつかの地域のホテルなどを改修するか新たに建設することによって、ホームレスのために3000室を用意した。どこから見ても驚くべき成果だ。

ところが、オープンする建物が増えるにつれ、ハガティは満足できなくなっていた。コモン・グラウンドの名を高めた戦略には、長い時間と莫大な資金が必要となる。タイムズスクエアに立ったときに、彼女は気づいた。路上にいる最も傷つきやすい人たちこそが、ハガティが作ったものを誰よりも必要としていたというのに、実際には改修されたホテルに興味を持つことも、居住基準を満たすこともなかったのだ。「病院を建てたというのに、地元の重症患者を排除していたようなものでした[1]」とハガティは言う。

ならば建物ではなく、助けたいと考える「生身の人間」に焦点を当ててはどうか。タイムズスクエアの慢性的ホームレスを3年以内に3分の2まで減らすという、大胆な目標を達成するにはどうすればよいか。一時的に転落してしまった者と慢性的なホームレスは、どう区別するのか。助けようとするホームレスに対して、どのような条件を課すのか（課さないのか）。すぐに入居できる住宅を探すには誰の協力が必要か。この実験を行うにはどのようなリーダーが必要か。彼女は新たな取り組みに向けて、実現方法を見極めようとした。

最後の問いは、おそらく一番重要だっただろう。「路上から住宅へ」という取り組みが動き始めると、ハガティはソーシャルサービスやホームレス支援、不動産開発の経験がなく、先入観もしがらみもないリーダー、陸軍士官学校卒業生のベッキー・マージョッタを採用した。彼女は、ある教官の推薦でハガティの目に留まったのだが、陸軍士官としての9年間のほとんどを特殊作戦を担う司令官として過ごしていた。

タイムズスクエアではのっけから軍人らしく迅速に、「地上軍の情報活動」に理解を示し、困難に見舞われても、スケジュールや目標に妥協することなく乗り越えようとした。「軍での訓練は、私の考え方すべてに影響を及ぼしています。使命を最優先し、常に部隊のことを考える。任務を遂行するため、部下を守るためには何でもやります」とマージョッタは私に語った。

マージョッタが実際に用いた手法のいくつかは、もとはと言えばアメリカ軍が考案したものだ。たとえばタイムズスクエア・プロジェクトでは、地域のホームレスへのインタビューと写真撮影が行われた。一人ひとりの人生を知り、誰が病気や死のリスクと隣り合わせかを見極めるには、顔と名前が一致しなくてはならない。マニフェストには「誰がそこにいるかを知る」という方針が加わった。だが、どうやって？

マージョッタの頭に浮かんだのが、イラク侵攻だ。地下に潜伏したサダム・フセインの仲間を探すために、村から村へ、一軒一軒しらみつぶしに探し歩いた。同じことをすれば、慢性的ホームレスをみつけられるかもしれない。

「指名手配中の人物の顔写真入りのカードを、アメリカ軍がどうやって作成したかを覚えていますか。私たちは指名手配カードを作ることはなく、犯人を探していたわけでもありません。しかし、何か月、あるいは何年もの間、路上生活を続けている人と、無料の食料供給所でスープがもらえるからと水曜日にやって来た人とは区別する必要があります。ある程度健康な人間と、肝臓がんの末期患者とを区別しなくてはならないのです」。

特定の個人やその経歴を重視した結果、社会福祉分野のベテランからは猛反発も生じた。「既存のソーシャルワーカーは憤慨しました。とんでもない。プライバシーや人権はどうなっているのか、と。もちろん私たちが写真を撮るのは許可を得たときだけです。ホームレスの人を特定し、名前を知ることは、意識していようといまいと、現状を守りたいと考える人たちにとってはきわめて不愉快なものなのです。逆に、不愉快な思いをさせているとしたら、私たちがやっていることは正しいと言えます」。

その後の3年間にタイムズスクエアで実現したことは、アイデアという点でも組織的活動という点でも、「10万人に住宅を」キャンペーン期間中にニューヘイブン・グリーンで目にした活動や、全国各地での活動につながった。成果は目覚ましく、ハガティはコモン・グラウンドを離れ、コミュニティ・ソリューションズを立ち上げ、全国規模の活動を開始した。陣頭指揮を執るのはマージョッタだ。

「タイムズスクエアに対して掲げた目標は、当初は不可能に見えました。しかし、目標を掲げたことで古い考え方を手放さざるを得なくなったのです。最新のアイデアに対する誇りが、次のアイデアを生む障壁になることがよくあります。私は、私自身が作り出した『住宅バブル』にとらわれていました。私たちは、『もっといいアイデアはないか』と問いかけなくてはならなかったのです」。

視点を変える、態度を変える

専門性は大事だが、イノベーションの邪魔になることもある。過去数十年のビジネス、リーダーシップ、社会における大規模な変容がもたらした冷酷な教訓の一つは、**特定の領域で豊富な経験や知識、資源を持つ人や組織は、新しいチャンスをみつけたり、つかまえたりできないことが多い**というものだ。これは1章で触れた、新しいアイデアが市場を席巻しつつあることに気づいた競合の反撃を恐れるあまり、組織やリーダーがリスクを取れなくなる現象とは対極にある。

しかし、有能な人材と大規模な予算を持ちながらも反応の遅い老舗企業は、どこで何をしていたのか。ＡＢＣやＣＢＳなど大手メディアは、なぜ父親の会社を引き継いだテッド・ターナーよりも先に、24時間ニュースを立ち上げることができなかったのか。なぜゼネラルモーターズはハイブリッドカーを作るのがこれほど遅かったのか。マイクロソフトが、ネットスケープを撃退しておきながら、インターネットの台頭を認識するのがこれほど遅かったのはなぜか。

答えは言うまでもない。知識が想像力の妨げになるからだ。インテルのイノベーション戦略を担当していたシンシア・バートン・レイブは、戦略の盲点とも言えるこの弱点を「専門性のパラドックス」と呼ぶ。特定の市場や製品カテゴリー、技術に入り込めば入り込むほど、市場を再構築する新たなビジネスモデルや、その技術を超越する可能性のある方法に対してオープンではいられなくなる。過去の成果はその後のブレークスルーの敵ではないはずなのに、未来を見据える能力を制約しかねない。

「苦労して手に入れた体験、優れた手法、プロセスは、企業が成功するための基盤です。しかし、イノベーションに関して言えば、組織を押し潰す石臼のようなものなのです。知っていることの重み、組織全体としての〝知識〟が、イノベーションを殺してしまうのです。せっかく蓄えた知識と経験が、イノベーションにとって、なぜこれほど致命的なものになるのか。専門家になると、こうなってほしいという妄想を、ありのままの現実と引き換えにしてしまうことが多いからです[2]」。

何も見ていないことを知る、知っていることを捨てる

ある分野に精通するようになり、同じやり方で物事を見る時間が長くなればなるほど、新しいパターンや可能性、展望を見出しにくくなる。法律や芸術史にも精通するコンサルタント兼教育家のエミー・ハーマンは、「認知の芸術」という興味深いプログラムを立ち上げている。漠然と見るのと本当の意味で見ることとの重要な違いを理解するためのものだ。参加

者である警察官やFBIエージェント、CIAの職員は、メトロポリタン美術館などで有名な芸術作品の鑑賞を通して「何を見ているかを語る」訓練を受ける[3]。

参加者が気づくのは、「何を見ているか」ではなく、何も「見ていない」ことだ。観察のプロであっても、芸術作品が伝える重要なメッセージを見落とし、目の前にある絵に何が描かれているのかをどう表現すればいいかがわからない。参加者は、「明らかに〜です」「〜であるのは明白です」といった言葉を使わないようにと指示される。絵の特徴や情景を言葉で伝えるために、絵のどこかを指し示すことも認められない。そのうえで、自分が感じたことや考えたことを他の参加者に言葉で表現しなくてはならない。

「視点を変えることを恐れてはいけません」とハーマンは参加者を促す。参加者らは、美術館での訓練を通して物事を新しい目で見るようになり、証拠を探すときにも見方が変わったという。

警察官やCIAエージェントも参加するハーマンのプログラムは、決まりきった日常からの優雅な脱却だ。楽しみながら、学びながら、スキルをさらに高め、観察力を磨くことができる。参加した警察官は次のように語った。「ニューヨークでは、普通ではないことがしょっちゅう起こります。私たちは訓練のときでも、これまで以上に周囲に目を配るようになりました」。

しかし、「専門性のパラドックス」を超越する持続的な方法、次に起きるかもしれないことから目をそむけずに、そこから最高のものを引き出す姿勢を保つ方法はあるのだろうか。

仮にあるとしても、老舗企業の変転が示すとおり、簡単なことではなく、「挑発的能力（provocative competence）」と呼ばれる世界への関わり方が問題となる。

「挑発的能力」という考え方を最初に知ったのは、FCB（フーティ・コーン・アンド・ベルディング・コミュニケーションズ）を訪れたときだ。FCBは長い歴史を持つ世界有数のエージェントで、最近ではリーバイス、Kマート、ヒューレット・パッカードなどをクライアントとし、賞をもらうほど活躍している。FCBのグローバルネットワークの中でも最大のシカゴオフィスで話をするようにと依頼を受けた私は、話すよりも聞く立場に回ってみようと考えた。

FCBの幹部は、ハンドブックやワークブックを作成し、「計算された大胆さ」と呼ばれるもの、「シンプルで、影響力や説得力を持つ」と同時に、「突発的で、挑戦的で、ときには恐怖心を与えることもある」ブランドアイデアに基づいて、クライアント企業にアプローチしていた。アイデアを生み出すのは、「戦略的衝突」と名づけた一日がかりのセッションで、製品の成り立ちについての議論を通して、未来に向けた独自の大胆な知見が生み出される。

この手法には、FCBが「挑発的能力」と呼ぶものが必要だった。「挑発的能力」とは、「新しい秩序を浮かび上がらせるために、意識的に既存の構造を捨てること」を意味する。「根深い習慣や形式」に背を向けなくてはならない。「能力がある」だけでは不十分だと、FCBの幹部は語った。「それだけでは並みの仕事しかできません」。「挑発的」であるだけでも不十分だ。「（その場合には）創造性の発揮自体が目的になってしまいます」。

FCBでは、有能であることと挑発的であることとの「二元性を受け入れることが求められる。**ビジネスのための確たる能力を持つこと。賢く、徹底的にビジネスを追求し、説明する力を持つと同時に、常に挑発的であること。想像力を発揮し、挑戦し続ける姿勢が必要だ**」。そして「(この能力を)すべてにおいて活用」しなくてはならない。「取り組む課題、作成する指示書、思い浮かぶアイデア、交わす会話のすべてにおいて活用するのだ[4]」。

「挑発的能力」はもともとはジャズの世界で、冒険好きのミュージシャンが、卓越した技能を即興で披露する姿をあらわしたものだ。一流のバンドリーダーは、一流のビジネスリーダー同様、「不協和音や矛盾を作り出すことによって、馴染んだポジションや基本のリズムから遠ざかる」。そう語るのは、海軍士官学校でマネジメントを教えるフランク・J・バレットだ(自身のバンドを持ち、トミー・ドーシー・オーケストラとツアーをしたこともある)。

バレットは著書『乱雑さを歓迎しよう(*Yes to the Mess*)』(未邦訳)において、リーダーシップについての教訓をジャズから引き出している。並みのミュージシャンは、自分が「能力の罠」にはまり込むことを許してしまうと言う。「過去の演奏で熱狂的に歓迎されたリック(即興的な挿入楽節)に頼り、自分自身の模倣に陥ってしまう」のだ。対して一流のミュージシャンは、新たな対応を求められる場面に身を置き、染みついた習慣から脱却しようとする」。バレットによれば、挑発的能力とは、「行動に活気を与え、精神を目覚めさせるリーダーシップである[5]」。

「挑発的能力」とは手法であり、知識が想像力を制限しないことをリーダーに確信させるプロセスだ。このプロセスは「肯定的な動き」によって始まる。

まず、同僚や部下に対し、普段ならやらないようなことをやり、「自身の強みを見るよりも、他人の強みを見る」よう促す。

次に、「ルーティンを少しだけ揺さぶる」。たとえば「意識的に過ごし、新しい方法に目を向ける」ほか、「行動を必要とするような状況を作り出す」こと、「何度も挑戦し続け、その過程で発見する」ことを求める。リーダーは「繰り返しを奨励する」ことで部下に学習を促し、「段階的に洞察力を高め、ゆっくりと安全圏から脱する」よう求める。

最後に、「視野を類推によって鋭敏にする」。すなわち、「新たに生まれつつあるものと比較し、結びつけ、関連づけながら、(部下を)難局に飛び込ませる」。

境界線の外へ飛び出せ

フロリダ州マイアミビーチの駐車場ビル「リンカーン通り1111」は、「行動に活気を与え、精神を目覚めさせる」リーダーシップの象徴だ。約300台の車を収容できる7階建ての建物は、リンカーン通りとアルトン通りの角にあり、ビジネスだけではなく、文化的にも注目され、世界から訪問者が訪れる。

2005年に不動産開発業者のロバート・ウェネットが買収したときは、オフィスビル街にありがちな、打ちっ放しのコンクリート壁の地味な駐車場にすぎなかった。駐車場としての機能しか果たしていなかったこの場所を、特別なものにしようとウェネットは誓う。19

10年にマイアミビーチの生みの親カール・G・フィッシャーが考えたように、新しい文化と商業の地として復活させたかったからだ。

「リンカーン通りの入り口だったこの場所を、当初の目的にかなったものに戻したかったのです」と語るウェネットは、大手不動産投資企業の経営に20年携わり、何十億ドルものポートフォリオを監督し、コミュニティの重要性を理解する実業家としての評価を得てきた。

2010年春、新しい建物がオープンすると、賛否両論が沸き起こった。あるレポーターは、最高級の建築と駐車場の想像を超える結びつきだと称えた。訪れる前の印象はこうだ。「ネズミが走り回り、ビールの缶が転がり、不快な臭いが漂う。駐車場から連想するのはそんな場所だ。駐車場にはハッと息をのむようなものはない」。

ところがこの駐車場は、ハッと息をのむような場所だった。今では駐車場としてだけではなく、チャリティーイベントやワインの試飲会、有名人のパーティにひっぱりだこだ。「ここは駐車場ではありません。市民の空間なのです」とウェネットは言う。最上階は駐車場とイベント会場を兼ねている。過去にはバスケットボール選手のレブロン・ジェームズがマイアミ・ヒートでの最後のシーズンに、ナイキレブロン11の発売を盛大に祝う会を開いた。これ以上ふさわしい場所はなかっただろう。

今やこの建物自体が高級ブランドとなり、マイアミビーチの住人は「1111で会おう」と言い合う。他の駐車場に比べると、時間当たりの料金は4倍以上だ。施設内の店の値札を見れば、気弱な人なら卒倒するだろう。しかし、「リンカーン通り1111」は魅力的な目的地、ビジネスの成功例として傑出している。常識やありふれた期待を塗り替えるものだ。

「我々がやっていることは、どれも駐車場のイメージからは程遠いものです」と、「リンカーン通り1111」についてのショートフィルムを作成したときに、ウェネットは述べた。『まずは駐車場とは何なのかを考えてみよう。次にあらゆる方向からそれをひねってみよう』と、我々は議論を始めました」。

もちろん、議論さえすればいいわけではない。ウェネットは率先して行動している。住まいは駐車場のある建物の最上階のペントハウスで、そのデザインの斬新さは駐車場を超える。『どうして駐車場に住むことにしたのか』としょっちゅう聞かれるんですよ。でも、いったん足を踏み入れれば、二度と聞かれることはありません[6]」と笑う。

なぜ駐車場の設計を、世界的建築家に頼んだのか

ラグジュアリー業界の重鎮からウェネットの業績について話を聞き、「リンカーン通り1111」のフィルムを見た私は、実物をこの目で見てみたい、これを作り上げた人物に会いたいと思わずにはいられなかった。そして訪れた場所は、私の期待を裏切らなかった。

6500万ドルをかけて作られた建物には外壁がなく、天井は豪華で、360度見渡せる。自動車置き場というよりは巨大なロフトのようだ。設計者はロンドンのテート・モダンや北京オリンピックの「鳥の巣」競技場を設計したスイスの建築家、ヘルツォーク&ド・ムーロンだ。

7階建ての駐車場の中心には大きな階段があり、よくある味気ない駐車場ではなく、ヨーロッパの駅のような上品な雰囲気を醸し出している。美しい彫刻や挑発的な芸術作品があちこちに置かれ、建物の外側と駐車場の最上階には、高級レストランやブティック（本、ハンドバッグ、靴、スポーツ用品など）が並ぶ。5階には、ファッション小売店がおよそ170平方メートルを占める。

朝には、ジョギングやウォーキングをする人たちがスロープを上り下りする。特に雨の日は多い。最上階ではヨガのレッスンが行われる。建物がオープンすると、ここで結婚式をあげたいというカップルからの申し込みが相次いだ。『ニューヨーク・タイムズ』紙によれば、「この場所を見たとたん、すばらしいと思ったんです」とアートギャラリーのディレクターでもある花嫁は頬を染めた（駐車場での結婚式なんて、想像できるだろうか）。同紙には、夫妻が送った駐車場のイラスト入りの招待状も掲載されていた。

「この場所が特別なのは、小売店の入っている駐車場というだけではなく、管理された空間である点です」とウェネットは私に語った。彼の創造性を飛躍的に高めたのは「ダブルビジョン（2つの視点）」であり、私はそれを理解しようと努めた。「商業施設というよりは文化施設なのです。我々は実際、そのつもりで計画しました。誰もが気軽に話題にできるようなイベント作りにも協力しています」。

たとえば、ファッションブランドのモンクレールは、リンカーン通り1111の7階を冬景色に変え、創業60年を祝った。「外は27度だったけど、スキーウェアを売っているのだから雪がほしい、と彼らは言いました。ここで毎日起きていることは、パフォーマンスのようなものです。予想もしなかったものを発見できます。期待通りのものは何もない。だからこそ面白いんですよ」。

ウェネットたちは、想像もつかないようなことをする機会を常に求めている。たとえばウェネットが購入したリンカーン通り1111の古い不動産には、アトランタを本拠地とする複合企業、サントラスト銀行があった。新しい複合施設にサントラストの支店を入れることになったとき、ウェネットはマイアミが車社会であることや、駐車場の一部であることを踏まえ、ドライブスルーで利用できる支店にしてはどうかと考えた。といっても、ただのドライブスルーではない。顧客は銀行の中を車で通り抜け、従業員が車の両側で待機する。「ドライブスルーというと、郊外での手続きが思い浮かぶことでしょう。銀行の外に置かれたATMを車に乗ったままで利用する……。しかし、ここではドライブスルーは銀行そのものなのです。ニューヨークや他の都市でこんなことを想像できますか」。

ウェネットは、驚くべき創造力でリンカーン通り1111を再生した。「このプロジェクトは、外から見える姿とはまったく違っている。駐車場でもなければオフィスビルでもない。よくある小売店でもないのです。我々は経験を作り出し、ストーリーを語っています」。ウェネットはまた、複合施設が現実的な事業案に基づくものであり、高機能の商業施設であること、戦略的合理性を欠く「突拍子もない設計提案」ではないことを強調する。その意味では、FCBの幹部が主張した「挑発的能力」を体現するものだ。

これはイノベーションを超えるものであり、想像力の産物である。「このプロジェクトが金銭的に大成功を収めているのは、金銭よりもアイデアや魂のこもったストーリーから出発しているからです」とウェネットは語り、ストーリーの真髄は、来訪者と予期せぬものとの遭遇だと付け加えた。

「ある意味、すべてが一風変わっているのです。車で通り抜ける銀行もあれば、店舗もあり、私なんて、駐車場の上に住んでいるんですからね。どれもが、誰も見たことのないような経験を生み出し、見たことのない場所を提供しているのです。我々がここでやっていることは、誰も想像もしないことばかりでしょう」。

同じ取り組みを永遠に続けてはならない

同じように想像を超えていると感じたのは、ニューヘイブンを訪れたときだ。ジャズファンかどうかハガティに聞いたことはないが、バレットがジャズから得たリーダーのための教訓は、社会福祉分野で「専門性のパラドックス」を克服しようとする取り組みからもうかがえる。ホームレス問題を管理するだけでなく解決するため、ハガティらはまったく新しい視点に立って有効な手段やツールを即興的に考案した。こうして進捗状況を測れるようになり、従来よりも早く結果を出そうとする緊迫感も生まれた。

ハガティは、コモン・グラウンドで学んだビジネスモデルについて次のように述べた。

「大げさに聞こえるかもしれませんが、私たちは全面的な解決が難しい問題に取り組む方法を考案したのだと考えています。本当の意味での貢献でした。しかし、取り組みの一つひとつに、4〜5年の時間と4000万ドルが必要でした。だからこそ、これまでなかった取り組みとして注目されたのです。しかし、このビジネスモデルの成果を測定することはできず、ホームレスの問題に対しては、まったく新しい視点が必要だと気づきました。根本から考え直すしかなかったのです。私は施設の建設や改修による問題解決をあきらめ、既存の住宅資源の活用に焦点を当てざるを得なかったのです」。

私がニューヘイブンを訪れた頃までに、ハガティとマージョッタは「10万人に住宅を」キャンペーンを通して、この地域に暮らす慢性的ホームレス状態の人々を特定し、彼らを路上から救出するための戦略や戦術を具体化していた。しかし、この新しいビジネスモデルが登場したのは、積極的な運動、小さな破綻、視点の明確化からわずか4年後、様々な場所で様々な手法を試みたことで、運動全体が経験を積み、成長してからのことだ。

「この運動の目的は模倣ではないこと、1、2か所でうまくいったからといって、それを真似るだけではダメだと気づくまでに、しばらく時間がかかりました。大事なのはどのように適用するかであり、コミュニティが一丸となって問題を解決し、私たちが気づいていないことに気づくこと、そこから私たちが学ぶことでした」とハガティは語る。

「10万人に住宅を」キャンペーンは、当初の予定どおり、2014年7月30日に使命を終えた。これもまた、「専門性のパラドックス」克服の1つの方法だ。「ホームレスに住宅を提供するだけで満足するのではなく、問題を抜本的に解決したいと願うなら、どれほど有効であっても1つの取り組みを永遠に続けてはならない。「期間限定」の取り組みであることや、妥協せずに結果を出すために進捗状況の測定を義務づけることによって、最終的なゴールに到達するための意欲や創造性が生まれ、忍び寄る専門性の罠から身を守ることができる。

ホームレス問題への取り組みにとっては、予算や人員、長期資金などに代わって、都市ごとのタイムテーブル、脆弱性インデックス、「削除ターゲット」（住居がみつかっていないホームレスの数と、そのために残された日数）などが大きな意味を持つようになった。マージョッタによれば、「私たちの仕事において、〝惰性〟は路上の人たちを無頓着に殺すことにほかなりません。このキャンペーンは永遠に続けるものであってはならないのです」。

とはいえ、ホームレス支援自体が終わるわけではない。コミュニティ・ソリューションズは「10万人に住宅を」キャンペーンを終えるや、次の取り組み「ゼロ2016」を発表した。2016年末までに75の参加都市において、慢性的ホームレスを完全になくすこと。つまり、長年苦しんできた人たちを、わずか30か月でゼロにすることが目標の一つだ。

もう一つは、2015年末までに復員兵のホームレスをなくすこと。かなりハードルの高い目標であり、「10万に住宅を」キャンペーンの成果さえ小さく見えるほどだ。コミュニティ・ソリューションズと協力機関は、この二つの目標を必ず達成すると誓った。私もそう信じていた。

どうやら目標の一つは、予定より早く達成できそうだ。2015年8月27日、コネチカット州知事ダンネル・マロイは、同州が年末までに復員兵の慢性的ホームレス解消を実現する予定だとを発表した（2016年2月の発表によれば、「復員兵のホームレスを国内では最初に実質的に解消した」ことを、連邦政府が認めたと言う）。さらに知事は、コネチカット州全体で慢性的ホームレスを2016年末までに解消することに同意した。

ハガティは目覚ましい進捗にも驚かない。知識で想像力を抑え込まなければ、実現できるのだ。「複雑な問題を管理するだけでなく、実際に解決できるとわかれば、人は再び意欲を駆り立てられるのです」と、コモン・グラウンドでの初期戦略からの大胆な転換を振り返りながら語る。「私たちは、ホームレス解消という仕事がなくなる日が来ることを、心から願っています」。

4章

好奇心を解き放つ

〝初めて〟の数がモノを言う

「イノベーション」という言葉は、CEOやビジネススクール教授、私のような執筆家の間で確固たる地位を獲得している。少し前のことだが、『ウォール・ストリート・ジャーナル』紙にきわめて滑稽な記事が掲載された。記者のデニス・K・バーマンは、1906年創業の老舗企業ケロッグが行った2013年の「イノベーション」について、CEOのジョン・ブライアントを辛辣に批判した。「イノベーション」として発表されたのが、「ゴーン・ナッティ」と名づけられたピーナッツバター味のポップターツだったからだ。従来のストロベリー、

INTERESTING MATTERS,
INTERESTED IS MANDATORY

ラズベリー、シナモンにピーナッツバター味が新たに加われば、画期的進歩と浮かれたくなるのも無理はない[1]。

ケロッグは、過去100年の間、揺るぎない業績を築いてきた。だが、世界的企業のCEOがピーナッツバター味の発売をイノベーションだと考えるとしたら、世の中にイノベーションではないものがあるだろうか。インターナショナル・ペーパーのCEO、ジョン・ファラーチは、同じ記事の中で、「イノベーション」という言葉が使われすぎだと認めている。「今度、上司がイノベーションについて話し始めたなら、さえぎって質問するといい。そのイノベーションは、次世代のiPodを作ることなのか、単にポップターツの新しい味を売り出すことなのか、と」。

製品に対するちょっとした工夫や地味なブランド拡張が、本当に重要だというふりをするのは簡単だ。半年間の「イノベーションプログラム」の立ち上げや、低予算での「イノベーション部門」の創設によって、FCB(フーティ・コーン・アンド・ベルディング・コミュニケーション)の幹部が重視する即興や実験の精神を解き放てると考えることもできる。

記事の中でバーマンは、示唆に富むと同時にいささかがっかりさせられる事例を紹介している。ヒューレット・パッカードが、ウォール街のアナリストと今後の方向性を議論するQ&Aセッションを開催したときのことだ。ワクワクするような新製品や賢明な戦略的知見を渇望していながら、セッションでは、「イノベーション」という言葉が70回も使われたという。

残念ながら、同社はプロローグで紹介したような「失敗続き」の企業の典型になり、誰かを喜ばせることもなく漫然と生き延びていた。２章で紹介したティム・クックの発言とは大違いだ。自社が拠って立つものや、未来に向かって何を成し遂げるかについての信条を披露できるせっかくの場面で、使い古された流行語を口にする必要があっただろうか。

クイックン・ローンズで見たように、ビジネスにおいては、リーダーが使う言葉はきわめて重要だ。誤用や濫用によって表現すべきものから離れれば、部下の意欲を損ねてしまう。だからこそ、私が出会った**独創的なリーダーは、目的に向かって仲間を結集させるときにも、めったに「イノベーション」という言葉を使わない。**この言葉を使えば無難だが、あまりに機械的で一面的であり、成し遂げたいと願う進歩や、引き受ける覚悟のあるリスクからかけ離れているからだ。

頭のよさよりも、好奇心が独創性のカギ

独創的なリーダーは、フランク・J・バレットが「ダブルビジョン」と呼ぶもの、「自身の前提に疑問を持ちながらも自信を持って振る舞う」能力を備えているように見えた。彼らはルーティンを混乱させるような急激な変化を起こし、少し高めの目標、すなわち挑発的能力が求めるような飛躍を生み出すときは、非現実的で愚かにも見えるリスクを負う。「こういった例外的な行動を裏づけるデータは存在しないし、資源配分や優先順位づけの変更の根拠となる市場指標もありません」。しかし、「企業も従業員も、飛躍なしに現状から抜け出すことはできないのです」。

言い換えれば、「ダブルビジョン」には、新しいポップターツを発売するための小規模なプロジェクトよりももっと奥深い何かがある。独創的プロセスに内在する「専門性のパラドックス」を超えるために必要な個人の資質につながるものだ。

世界的心理学者のミハイル・チクセントミハイは、モチベーションやパフォーマンスの研究で知られる。真に革新的な芸術家、科学者、経営者は、「独創的人格」の特徴である内面的パラドックスを受け入れているという。「独創的人格」の中核には何があるのだろう。そういった人格を持つ人の特徴は「複合性」だと、チクセントミハイは考える。「彼らはほとんどの人とは異なる考え方や行動傾向を示す。非常に〝多面的〟なのだ。白という色がすべての色相を含むように、彼らは人間の可能性のあらゆる側面を自らのうちに備えている」。

独創的な人々の多彩な特性は、起業家、変革者、創業者、そして前進しようとするリーダーにも当てはまる。自分がいる分野で何が可能かを再考するために必要な姿勢や考え方だ。たとえば、「**独創的な人々は頭がいいが、ナイーブだ**」とチクセントミハイは言う。

頭脳は創造性に欠かせないものの、優秀な人は「優れた知性にあぐらをかき、新しいことを成し遂げるために欠かせない好奇心を失う。精神的・情緒的な未熟さは洞察力と密接に関連している」。SOLのリーサ・ヨロネンを思い出させる言葉だ。賃金も地位も低い労働者が、その手だけではなく頭も使う機会を与えられたなら、どれほどのことを成し遂げられるかを、彼女は示した。

独創的な人々はまた、「遊び心と規律、責任と無責任の両方」を示すという。「独創的な人間は、遊び心あふれる軽やかな姿勢を示すが、遊び心とは対極にある頑固さ、持久力、忍耐力とも無縁ではない。斬新なアイデアを形にするには、必ずや遭遇する障害を乗り越える懸命な努力が欠かせない」。

バーノン・ヒルやメトロバンクはその典型だ。ロンドンに1835年以来初の大手銀行を設立するという果敢な挑戦を支えたのは、遊び心あふれる姿勢だった。その一方で、メトロバンクには、既存の銀行が対抗できないほどの規律と根気強さがある。

さらにチクセントミハイによれば、独創的な人間は「驚くほど謙虚であると同時に、誇り高い。この二面性は、大志と利己心、競争と協力の対比として見ることができる。独創的であるためには、野心を持ち攻撃的でなくてはならない。と同時に、彼らは自身が関わっているプロジェクトの成功のために、自身の楽しみや昇進を後回しにする傾向にある」。

まさにパルズ・サドン・サービスのトーマス・クロスビーらがそうだ。テネシー州キングスポートを訪れたとき、ボルドリッジ賞の受賞を全員が誇りに感じており、同社に学ぼうとする他の企業に強い影響を及ぼし、情熱的なブランドとしての地位を確立していることをあらためて感じた。自分たちが特別で例外的であることを誰もが認識しているが、同時に、改善の余地が常にあることを謙虚に受け止め、向上し続けるために従業員を指導、評価するシステムを構築している。[2]

チクセントミハイの指摘からわかるように、言い古された「イノベーション」という言葉を掲げて取り組むよりも、どんな分野にも存在する矛盾や制限を克服するために、意義ある抜本的な変化を引き起こすことが大事だ。違いを生み出すには、自分の持つ知識で想像力を抑制してはならない。

「独創的な人間は常に驚きを感じている」とチクセントミハイは最後に記している。「彼らは周囲で何が起きているかを自分が理解できているとは考えない。他者に対しても同じだ。彼らが問いを投げかけるのは、つむじまがりだからではない。たいていの人が疑問を持たずに受け入れている説明には何か欠けている点があることに、誰よりも早く気づいているからだ」。

既存の大企業で生まれた驚異のスタートアップ

3章で紹介した不動産開発業者ロバート・ウェネットや社会運動家ロザンヌ・ハガティが、独創的な人物であることには疑いもないだろう。優れたビジネス手法を確立し、非凡な業績を達成しつつ、専門性のパラドックスを克服し、独自の取り組みで業界に一石を投じた。彼ら自身や同業者の従来の行動を超越する、「計算された大胆さ」のあらわれだ。そのビジョンや目的のために、チクセントミハイが指摘するような特性を発揮して、斬新な戦略、大胆な尺度、刺激的な新しいストーリーを生み出した。インテルのイノベーション戦略を担当していたシンシア・バートン・レイブの言葉にあるように、彼らは「現実そのもの」に対して、「もしも～になったら？」というありもしない恐怖心に水を差されることはなかった。

こういったリーダーシップの裏には何があるのだろう。知識や経験を未来のための足がかりにできる機会だろうか。レイブが警告するような「組織を押し潰す石臼」ではなく、新種の製品やサービスの礎石となる何かだろうか。リーダーが、自分たちの知識やそれまでに得た教訓、経験した戦い、克服した欠点を部下に伝え、想像力をかき立てる方法があるのだろうか。

アメリカのメガバス・コム（Megabus.com）は、この厄介な問いへの答えを示してくれる。

旧態依然の輸送業界に、メガバスが新風を吹き込んだ

現在、北米120都市を往復するバスサービスを展開するメガバスは、2006年4月、シカゴを中心に、シンシナティ、インディアナポリス、ミルウォーキーのほか中西部5都市を結ぶ急行バスサービスを立ち上げた。その後、バスの台数、ルート、拠点を徐々に増やし、創業から1年半で乗客数のべ100万人を達成した。現在、乗客数は6週間で100万人にのぼる。

アナリストは輸送業界への影響を「メガバス効果」と呼ぶ。創業から10年も経たないうちに、たった1つの企業が、時代遅れで不潔で危険だと敬遠されてきたバス旅行のイメージを近代的なものに変え、退屈な低成長業界で驚くほど人気の急成長ブランドを育て上げたのだ。[3]

「従来にない、独自の取り組み」だと語るのは、シカゴでの立ち上げ当初からメガバスを率いるデール・モーザーだ。

「我々は業界を作り変えようとしています。これは、そのための実験であり、ささやかな賭けでした。バス旅行の未来を示そうとする競争相手は、これまで存在しなかった。あえて言えば、自動車です。『お客を自家用車から降ろして、我々のバスに乗せることは可能だろうか』。自問自答してみても答えは出ません。サービスを作り直す必要がありました」。

メガバスは、従来とはまったく異なるサービスやアイデンティティを作り上げた。それまでにもボストン―ニューヨーク、シカゴ―セントルイスなど利用者の多い都市を結ぶ格安バス会社や、メガバスと同じルートをより安く提供する全国展開のバス会社は存在した。しかし、2地点を結ぶサービス、全国展開、ハイテクを用いた予約やチケット発券システムに、多彩な遊び心を結びつけた企業はなかった。2015年7月、CNNが選ぶ「旅行を変えた11人」には、ウーバー（Uber）の創業者トラビス・カラニックや、フォーチュン500の常連ヒルトンのジェラルディン・カルピンとともに、地味なメガバスのデール・モーザーが選ばれた。

本当のところ、メガバスは他社とどう違うのか。そもそもバス旅行など、考えただけでもうんざりするものだ。古びたバスに長時間、詰め込まれるのだから。ところがメガバスは便利で魅力的だ。あらゆる快適さを追求している。鮮やかな色の2階建てバスは、大きな窓とガラスの屋根から外を見渡せる。どの座席にも電源コンセントと無料Wi-Fi、3点式シートベルトが備えつけられ、バスがコースを外れたり、高架下を通過したりするときに警告を発するGPSトラッカーも設置されている。

「バスは輸送業界の大きな牽引力となるでしょう。当社のバスは、おしゃれで、ヨーロッパ風で、環境に優しく、しかも経済的です。道路を走るどのバスとも違って目立ちますから、まさに動く広告塔です」とモーザーは語る。

バス旅行では切符を買うのも一苦労だ。ターミナルの長い列は昔のカウボーイ映画さながらで、これほど時代遅れなものはない。その点、メガバスの予約はインターネットか電話でできる。業界初の収益管理システムを導入し、料金はどのルートでも1ドルから、残席が少なくなればなるほど、出発時間が近づけば近づくほど、料金は高くなる。前方の席や2階席には追加料金がかかる。座席は指定だが、チケットは発券されない。路線によっては乗客を詰め込む場合もある。

ソーシャルメディアの活用にも積極的で、20代の若者に人気を博している。乗客の多くは、メッセージや写真を移動中に次々と投稿する。メガバスのフェイスブックは、大手のグレイハウンドの6倍のファンを持ち、同社のデータベースには100万人のメールアドレスが登録されている。

2006年の創業時にマーケティング担当副社長だったマイク・アルビッチは語る。「アメリカの大学生たちがアーリー・アダプター（初期採用者）でした。車内でネット接続ができるため、バスに乗っている間に友人や両親とメッセージをやりとりする。乗客はフェイスブックやツイッターなどで我々とつながっています。メガバスは最初からクチコミブランドでした」。

初期の頃、メガバスは熱狂的ファンを集めようと、国内の大学キャンパスで学生を対象にした草の根マーケティングキャンペーンを実施した。学生たちはコンサートやアメリカンフットボールの試合、フードフェスティバルなどに参加し、メガバスの旗を掲げた。今では学生や若年就業者は、同社の3つの主要顧客層の1つにすぎない。実のところ、メガバスの顧客層は他社とは異なる（モーザーは、「我々は従来とは異なる新しい利用者層を作り出しています」と語る）。

若者に次ぐ第2の顧客層は、運転を好まない独身女性だ。週末の夜にショーを見るため、週末に旅行するためにバスを利用する。多くの都市ではバス停以外でも乗り降り可能で、安全に利用できる。

第3の顧客層を、メガバスは「シルバーサーファー」と呼ぶ。旅行が大好きで、それ以上に安さに目がない高齢者は、早めに切符を買い、若者が学校や会社に行っている週の半ばに旅行する。アルビッチは言う。「我々はただの輸送業者ではありません。情熱を掲げたブランドであり、乗客が望むことを実現しようとしています」。

アルビッチはある乗客のことをよく話題にする。以前、ニューヨークとボルティモアを頻繁に往復する乗客がいたという。ガールフレンドがボルティモアに住んでいたのだ。この乗客、アビ・ミュラーは、2人の恋愛の「命綱」だったバスの中でプロポーズしたいと考えた。何も知らないガールフレンドは、金曜日にアビや友人や家族と一緒にニューヨークからバスに乗り込んだ。

アビからの申し出に、彼女がイエスと答えた瞬間、バスの乗客は一斉に歓声を上げた。車内での感動のプロポーズはニューヨークの複数のテレビ局で取り上げられ、『ハフィントンポスト』の記事にもなった。「メガバスが縁結びの神に」と見出しをつけた記事もあった。アルビッチにとっては、マーケティングの神がもたらしてくれた恩恵だった。同社はフェイスブックに「メガラブ」というコンテストページを作り、乗客が「長距離恋愛」についての体験談を投稿できるようにした。

仰々しい計画より、小さな行動の積み重ねが大事

過去の遺物さながらのバス業界は、メガバスを牽引力として、静かに、急速に成長し始めている。メガバスが吹き込んだ新風は、グレイハウンドなど老いた同業者を立ち上がらせ、戦略を刷新させた。実のところ、メガバスのストーリーはまったくのゼロから出発したスタートアップ、すなわち、斬新なビジネスモデルを考案し、既存の勢力構造に挑戦する機会をうかがうアウトサイダーによってガレージで生み出されるオペレーションのあらゆる要素を備えている。

実際には、メガバスはアウトサイダーによって生み出された企業ではなく、まったくのゼロから出発したスタートアップでもない。設立まもない巨大企業、世界有数の輸送複合企業「ステージコーチ・グループ」の若くて敏捷で進歩的な一部門にすぎない。

グループの本社はスコットランドのパースに置かれ、年間収益は45億ドル、イギリスと北米で3万5000人の従業員を抱える。1万3000台のバスと列車がダブリンやグラスゴーなどの地域路線や、観光ツアー、チャーター、高速鉄道などで運行されている。それぞれが歴史を持ち、技術を備え、優れた人材によって運営されているが、メガバスのような戦略やブランド意識を持つわけではない。

だからこそ、メガバスという新企業の台頭はいっそう衝撃的だ。いわばデルタやユナイテッドなどの既存の航空会社が、ジェットブルーやサウスウエストのような、顧客の期待を超え、業界地図を塗り替える「チャレンジャーブランド」を生み出したようなものだから。

実際、ジェットブルーやサウスウエストが台頭すると、デルタやユナイテッドは自社版スタートアップを生み出そうと懸命に努力した。デルタは2003年4月、明らかにジェットブルーの模倣である「ソング」を立ち上げたが、5年と続かなかった。ユナイテッドはサウスウエストを真似て「テッド」を立ち上げたが、ソングと同じ道をたどった。まさに「専門性のパラドックス」を如実に示すものだ。

デルタもユナイテッドも長年同じやり方でビジネスを続けてきたため、急成長する若い企業が成功の道筋を示してくれても、受け入れられなかった。低価格とより良いサービス、効率性と柔軟性を結びつけ、余計なサービスを一切省きながらも顧客に楽しみを与える取り組みにならうことはできなかった。

ではなぜ、巨大複合企業のステージコーチ・グループは、スタートアップの立ち上げに成功したのだろう。既存の知識を、新しいビジネスにどうやって活用したのか。彼らは専門用語を並べることはしなかったし、予算や委員会の報告、ROIを使って手軽にイノベーションプログラムを作ることもなかった。

メガバスの成功は、即興やくり返し、ルーティンの中断など、小さな行動を積み重ねた結果だ。どれも多大な投資を要するものではない。必要なのは、作成した計画に問いを投げかけ、検証しながら自信を持って行動できる「ダブルビジョン」だった。

「この奇妙なサービスを始めようと決めた日のことは、よく覚えています」と語るのは、メガバスがスコットランドのパースとエジンバラ、グラスゴーを往復する路線をスタートさせたときの担当者ブライオニー・チェンバレンだ。

「与えられた時間は6週間でした。収益管理システムのソフトを使うつもりでした。日常業務をこなすかたわら、ウェブサイトを作成し、ドライバーにルートを教えなくてはならなかったのです。市場を操り、その結果を見たいと思いました。『さて、何が出てくるか』」。

ステージコーチは2004年に中国での事業を終了させ、2階建てバスを多数持ち帰った。この頃、サウスウエストのヨーロッパ版とも言える、派手で闘争心満々のライアンエアーが大きく注目を集めていた。ステージコーチの共同創業者で、長年同社を率いてきたブライアン・ソーターは、中国から持ち帰ったバスを使って実験しようと決める。低コストの2地点間航空路線の地上版を作り出し、まだ存在していない市場を生み出せないか。

こうして交通輸送の歴史が塗り替えられた。メガバスはスコットランドで急速に成長し、イギリスにも進出、大西洋を飛び越え、シカゴでバス路線を開通させた。電光石火の離陸は熱心な支援者さえ驚かせた。

「ウェブサイトの作成には1万4000ポンド（約280万円）かかりました。中国から持ち帰った2階建て中古バスは市場価値が低く、さほど期待していませんでしたが、とにかく何かやってみたかったのです。ところが突然、事業は成長し、当社の柱の一つとなりました。ちっぽけな実験から、顧客の要求に答え続けるものへと変化したのです」。

チェンバレンはスコットランド訛りが強く、インタビューしたときには、パブで雑談しているかのように感じられた。といっても、私がスコットランドまでわざわざ出向いたわけではない。彼女はニュージャージー州パラマスでメガバスの運営責任者として働いているが、5000人の従業員を抱えるステージコーチ・グループのアメリカ支社の一員で、コーチUSAとは別のオフィスにいる。マイク・アルビッチは両社のマーケティング担当副社長であり、デール・モーザーはコーチUSAのCEOとして、メガバスにも責任を負う。

3人とも、コーチUSAの長い歴史と伝統が、新参者の成長によって邪魔されることはないと信じている。それどころか、バス業界での長年の経験によって培われたベテランたちの知識、手腕、問題解決スキルがなければ、メガバスがこれほど急速かつスムーズに成長することはなかっただろうと考えている。私が出会った既存の大企業の中でも、未来に向けての新しい視点を打ち出し、その洞察力に基づいて発展する新事業を構築できた企業は数少ない。しかもメガバスの場合、古いビジネスのやり方に忠実な幹部が途中で邪魔をすることもなかった。

「我々は75年の歴史を持ち、従業員の中には勤続40年の者もいて、様々な経験が蓄積されています。メガバスが新興企業だったなら、インフラや修理施設、安全システムを一から作らなければならず、3〜4倍の時間がかかったはずです。たとえ大企業の一部であっても、メガバスは究極の〝リーン・スタートアップ〟なのです」。

「専門性のパラドックス」を超えて

25年以上前、アリゾナ州フェニックスに集まった経済界の有力者を前に、ジョン・W・ガードナーはスピーチを行った。アメリカのビジネス史上に残る優れたスピーチで、世界中の企業で幹部が言及したほどだ。2002年に89歳で亡くなったガードナーは、伝説の知識人であり、市民改革派でもあった。スタンフォード大学教授を務め、リンドン・ジョンソン大統領の「偉大な社会」政策を推進し、政府系非営利団体「コモン・コーズ」や「インディペンデント・セクター」の創設にも関わった（本書の冒頭でも触れている）。

1990年11月10日、マッキンゼーのミーティングでガードナーが言及したのは、「自己革新」についてである。急激に変化する世界に向き合うには、学び、成長し続けることがきわめて重要だ。ガードナーは、このメッセージを聴衆に伝えたいと強く願い、あらかじめ原稿を用意していた。「一言一句を聴衆の心に響くものにしたかったからだ」という。

この日のスピーチのテーマは、「生涯を通して積極的に活動する人がいる一方で、成長を止めてしまう人たちがいるのはなぜなのか」。ガードナーは次のように警告した。

「男女を問わず、働く人々は自分で気づいている以上に行き詰まりがちであり、退屈しています。我々はこの事実に向き合わなくてはなりません。退屈は大企業が抱える隠れた病です。先日、ある人が私に言いました。『こんなに忙しいのに、退屈している暇なんてありませんよ』。私は尋ねました――周りを見回してごらんなさい。あなたがよく知っている人たちは、まだ若いのに、決まりきった態度や習慣にとらわれてはいませんか」。

退屈の対極にあるのは何だろう。個人が学び、成長し続け、決まりきった態度や習慣から脱出できる考え方とは、どのようなものだろうか。「野心は無限ではありません。野心はやがて擦り切れてしまうものです。しかし、みなさんは、命の尽きる日まで、強い好奇心を持ち続けることができます」。ガードナーは野心的な戦略家である聴衆に語りかけ、教訓を与えた。

「いろんなことに興味を持つことです。誰もが興味を持たれたいと願っています。しかし、組織の活性化のために重要なのは、自分が興味を持つことなのです。好奇心を忘れず、新しい物事を発見するのです[4]」。

本書で取り上げたリーダーたちもまさにそうだ。ロバート・ウェネットとともにマイアミビーチを作った人たち、ホームレス解消キャンペーンを繰り広げるロザンヌ・ハガティと仲間たち、メガバスのデール・モーザーと同僚たちはみな、未来に強い関心を抱いている。好奇心と発見によって過去の成果を超え、新たな地平に到達する。都市であれ、社会正義であれ、交通であれ、再生のための彼らの戦略は、まさにガードナーが提唱した自己革新によるものだ。

だが、様々な業界にいる有能な人たちでさえ、実際には実行できないでいる。結局のところ、「専門性のパラドックス」とは何なのだろう。ガードナーが警告したような退屈を丁寧な言葉で表現したものではなく、学習や成長の邪魔をする「固定した態度や習慣」なのだろうか。

独創的なリーダーは、大胆な考え方の持ち主のみならず、貪欲な学び手でもある。あり得ないようなパートナーを選び（オリンピック競技場を設計した一流建築家を駐車場を設計するために招聘）、あり得ないようなツールを導入し（軍隊で学んだ教訓を社会運動に応用）、新しいビジネスモデルを他業種から取り入れる（格安航空機業界からバス業界へ）。

学び成長し続けるには、これまでのキャリア形成に役立ったアイデアや前提に疑問を呈するには、真の取り組みが必要だ。一定の権力と責任を手にしたあとも影響力を持ち続けたいならなおさらだ。独創的なリーダーは、大きなアイデア、小さな驚き、事業の長期的使命、この使命を現実にするための新しい手段に関心を持ち続けようとしている。

新しいことに取り組む限り、若くいられる

数年前、私はロイ・スペンスに出会った。広告業界で著名なエグゼクティブだ。著書『人

生で不可欠な10項目のハグ（*The 10 Essential Hugs of Life*）』（未邦訳）では、「失敗をハグしよう」「恐れをハグしよう」「自分自身をハグしよう」など、一見お手軽だが、心に響く提案が並ぶ。「〝初めて〟をハグしよう」では、インスピレーションの新しい源をみつけ出す、理解できない仕事をしている人の実験室を訪ねる、参加資格のない会議に参加する、まったく違う業界の人と付き合うなどの助言がある。スペンスは言う。

「子どもの頃は、毎日が〝初めて〟の連続だ。大人になるにつれ、〝初めて〟はどんどん少なくなる。いつまでも若くいたいのなら、新しい物事に挑戦し続けなくてはならない[5]」。

スペンスは、自身のインスピレーションの源として、ジム・コリンズを挙げる。コリンズは、スタンフォード大学の教授だった若い頃に同僚のジョン・Ｗ・ガードナーから助言を受けた。スペンスは（コリンズを通じてガードナーから）学んだことをこう記している。「**新しいことに取り組む限り、若くいられる。日常での〝初めて〟の数が意味を持つ**」。

この課題に取り組み、独自のスタイルでリーダーシップや文化を構築しているのは、工業品メーカー「ＷＤ-40」のＣＥＯ兼会長であるゲリー・リッジだ。自社やブランドに対する関心を高めようと努力すると同時に、発見の喜びを維持するために、製品や目的についての新しいアイデアに関心を持ち続けるために、並々ならぬ努力をしている。

その結果は目覚ましい成果としてあらわれている。１９９７年にリッジがＣＥＯに就任したときには、同社は〝一つの芸当しかできない子馬〟のようなものだった。１９５３年にアトラスミサイル（ＩＣＢＭ）の外装をサビや腐食から保護するために開発された、青と黄色の缶に入った多目的潤滑剤WD‐40だけを製造していた。WD‐40と名づけられたのは、腐食の原因となる汚水を置換するための配合が、40回目の試作でようやく完成したためだ。

すると、米ソの軍拡競争のみならず、幅広く応用できることが明らかになる。実験室での画期的な発明から5年後、エアゾール入りのスプレー缶に極秘調合物を入れて販売を開始したところ、利用用途の広さから爆発的に売れた。同社は1973年に上場を果たし、90年代初頭には、WD‐40は国内のあらゆる鉱山や工場、建設現場に置かれ、5世帯のうち4世帯で使われるようになった。代表的製品は偶像のように愛され、DIY(ドゥ・イット・ユアセルフ)の象徴となったものの、ダイナミックで活気に満ちた企業基盤を築くには程遠かった。

WD‐40が普及しすぎた結果、潜在的可能性が抑制されていた。リッジのCEO就任後まもなく、投資情報紙『バロンズ』は「WD‐40の崇拝」と題した詳細な分析を発表、「同社も同社の株も上がりすぎてしまった」と述べた。収益はほぼ100%、株主に配当として配られていた。「WD‐40は崇拝される製品だが、決して崇拝される株ではない。WD‐40の過去の成功こそが、やがて訪れる失敗を運命づけていた」。

だからこそ、新CEOのリッジは、同社の製品ポートフォリオを増やし、顧客との結びつきを深め、アイデンティティを拡大しようとした。聞く耳を持つ相手がいれば誰であれ、同社のビジネスは潤滑剤だけではなく、「いつまでも印象に残る製品を作り出し、世界中の職場や工場、家庭の問題を解決」し、「軋《きし》む音や臭い、汚れ」を世界から取り除くことだと強調した。そうすればこの世界は今よりもう少し快適なものになり、汚れも減るだろう。

「我が社の製品は、使う人をヒーローにします。エンジンが不快な音を立てれば、家族はいやがるでしょう。うちの商品を使って解決すれば、家族のみんなが尊敬してくれるでしょう。我々は問題を解決し、いい思い出を作ります。この世界には、解決しなくてはならない問題がたくさんありますからね〔6〕」とリッジは語る。

老舗工業品メーカー、単品ビジネスからの大転換

WD‐40は、情熱を掲げ、カラフルなパッケージと賢いマーケティングで新たな時代を拓いた。現在、同社の製品は13の工場で調合され、世界176の国と地域で販売されている。ハンドクリーナーやカーペットのしみ抜き、バスルームクリーナーなどの新ブランドが誕生し、「WD‐40」を「専門家向け」にした商品も発売された。元祖については、主要国のほとんどにファンクラブがあり、工場の技術者や住宅の所有者が直接、あるいはオンラインでつながり、アイデアを交換し、体験談を共有する。

つまり、このビジネスは潤滑剤を用いた機械のようなものだ。リッジがCEOに就任したとき、国外からの収益は20％にすぎなかったが、現在では65％に達している。ヨーロッパだけでも収益は当時の全収益を上回る。2009年以降、株価はほぼ3倍に達し、時価10億ドル企業の地位を初めて獲得した。2015年末には、株式は1株100ドル、時価15億ドルに近づき、前代未聞の領域に突入しようとしている。リッジはWD‐40のロゴを指して言った。

「我々は壁を取り払いました。青と黄色の缶に赤いキャップをつけた製品は、いずれ収益の半分程度に達するでしょう。中国では軋み、ロシアではサビが悩みのタネです。我々は依然として一つの芸当しかできない子馬ですが、そのことはもはや欠点ではありません」。

たしかに同社は、リッジの就任前よりも興味深い存在となった。自社やブランド、製品に何ができるのか。従業員に興味を持たせることから始まり、社風を徹底的に見直し、リーダーの役割を再定義し、まったく新しい言語さえ取り入れた。学習や実験、改良を重視し、陳腐で孤立した事業を柔軟で開放的なものに変えるためだ。

「我が社の真の成長機会は、軋みや悪臭を世界中から追放することにありました。しかし、従業員は自分たちの役割から一歩踏み出すことをためらいました。失敗に対する不安は、不安の中では最も大きなものです。我々は失敗を乗り越えて、自由になる必要がありました」。

リッジは思い切った改革を行った。経営幹部を少人数グループに分け、日常業務から外して「チーム・トゥモロー」に参加させた。彼らの任務は、3〜5年以内の短期トレンドを特定すると同時に、10〜15年先の未来を見据えることだ。既存製品について再考し、新製品を考案するにはどのような技術が必要か、どのようなテストを行うべきか、どのようなスキルを備えるべきかを検討する。

メンバーはみな戦略やマーケティング、財務、R&Dのプロで、ありきたりのイノベーションプロジェクトとは一線を画す。チーム・トゥモローは、メンバーを入れ替えながら10年続き、WD-40の将来の展望を開く一連の製品、ブランド、ビジネス戦略を打ち立てた。

2002年にチーム・トゥモローのリーダーに選ばれるまで、同社で重要な事業に関わっていたグラハム・ミルナーは、「すべてが驚くほどうまくいきました」と語る。ミルナーは現在、15を超える国のサイクリングファンに対して、チェーンの潤滑油や泡立つ洗剤、フレーム保護剤など多様な製品を提供する「WD-40バイク」という独立企業を率いている。

同社はチーム・トゥモローから生まれた多くのアイデアの一つにすぎない。他にも、急成長する「WD-40スペシャリスト」という業務用製品が生まれ、WD-40のパッケージも改良している（「スマートストロー」を用いたスプレーは消費者に大人気だ）。「毎朝、将来の新しい収益源について考えることが我々の仕事でした。日々の業務に追われていては決してできなかったでしょう」とミルナーは語る。

2012年1月、未来を思い描くという責任が業務に組み込まれたと判断し、リッジはチーム・トゥモローを解散した。

「顧客に前向きで長続きする記憶を抱かせたいと願うなら、同僚に対しても同じことをしなくてはなりません。仲間でいたくないからと、離れてしまった集団がいくつもあるでしょう。人間は、居心地のいい場所、自然に成長し、満足できる場所で、その一部になりたいと願うものです。我々は単なる一企業ではなく、いわば〝部族〟なのです。有意義な仕事、我々自身や顧客、さらには世界に意味をもたらす仕事をする部族です。このような環境では、有能な人材がすばらしい成果を成し遂げることができます」。

リッジは〝部族〟の言語と精神を引き出すことに熱意を抱き、アイデンティティの共有と相互の学習を実現したいと願っている。その中心となるのが「学びの機会」だ。問題にぶつかり、そこからチャンスを見出す。惨敗したときにも、叱責を恐れることなく学びを共有する。焦りや苛立ちを乗り越えてインスピレーションを得て、さらにはコラボレーションによるブレークスルーに至る。「学びの機会」を重視するリッジは、「ザ・ラーニング・モーメント」という自身のサイトで、社外のリーダーとリソースや考え方を共有している。

「学びの機会は、ポジティブなものにもネガティブなものにもなり得ます。しかし、その利点を共有する限り、決してマイナスにはなりません。誰もが好奇心旺盛で、たくさん質問し、チャンスをつかんでほしい。私はそう願っています。私の仕事は、学ぶ人が集う企業を作ることです。『この前、初めてのことに取り組んだのはいつですか』と尋ねるのです」。

リッジは、「WD-40マニアックの誓い」を守るよう従業員に求める。「マニアックな学び手」になるための厳粛な誓いだ。「私には行動を起こし、問いを投げかけ、答えを引き出し、決断を下す責任があります。誰かがこうしろと言ってくるのを待つつもりはありません。何かを知る必要があれば、質問するのは当然です。答えがもっと早く出てこないからと腹を立てる権利はありません。従業員が知っておくべきことを私がやろうとしているのなら、私にはそのことを伝える義務があります」。

「誓い」は、リーダー自身を学び手に変える考え方や特徴を宣言したものだ。これにより、会社全体が変化し続けるとリッジは考えている。その証しとして、リッジは「Ancora Imparo」（私は学び続けるという意味のイタリア語）をメールに添える。ミケランジェロが作品の署名に添えた言葉だ。

「私の人生で大きな『学びの機会』となったのは、『私にはわからない』という言葉をためらいなく言えるようになったときでした。『学びの機会を持ちました。仲間と共有するつもりです』と従業員から言われたり、知る必要や学ぶ必要があればいつでも何でも聞いていいという『マニアックの誓い』について、従業員が語るのを聞いたりするとうれしくなります。私の夢は、我が社がリーダーシップや学びの実験室と呼ばれることです」。

III

IT'S JUST AS IMPORTANT
TO BE KIND AS TO BE CLEVER

見過ごされがちな「優しさの重要性」

長期的に高い業績をあげている企業は、
他社と違った考え方をするだけではなく、配慮を怠らない。
大きなアイデアと破壊的技術の時代には、
結びつきや思いやりといった素朴な行動がきわめて重要だ。

5章

思いやりは、生産性の敵ではない

「感情労働」の重要性が増している

CIVILITY IS NOT
THE ENEMY OF PRODUCTIVITY

感謝祭も近いというのに、家から何千キロも離れたアラスカで、太陽を恋しく思いながらカニを食べる羽目になるとは思わなかった。このとき私は、本書の調査旅行の最終目的地で、リーダーシップやマネジメント、顧客サービスについての教訓を〝医療の奇跡〟とも呼べる事例から学ぶ予定だった。奇跡といっても、がんの特効薬や驚異的な手術技法のことではない。機能不全に陥った医療システムを、進歩的で有望なものに再生する試みだ。

訪れたのは、サウスセントラル財団（SCF）、ベッド数150超の病院「アラスカ・ネイティブ・メディカルセンター」を運営する非営利医療団体だ。広大なアラスカ州の大都市から、ボートや航空機でしか行けないアリューシャン列島の小村まで、約150万平方メートルに及ぶ地域でおよそ6万5000人の先住民に対して医療活動を行っている。この地域では、大勢の人たちが何世代にもわたってアルコール中毒や糖尿病、肥満、自殺などに苦しんできた。

連邦政府の管轄であるインディアン・ヘルス・サービスによって医療が提供されていた時代には、患者は最初の診察までに何週間も待たされた。重症でなくても、混雑した救急治療室で何時間も待たされ、横柄で不作法で冷酷な医療提供者に耐えなくてはならなかった。1953年に結核療養所として発足した病院には、その後、専門医が加わり、あらゆるサービスが追加された。しかし、設立当時の冷たく無関心な雰囲気が払拭されることはなかった。アメリカの医療制度はコストが膨らみ、はるか遠くの連邦政府の対応は遅々として進まず、重症患者のニーズは切実だった。

現在では、SCFの「ヌカ医療システム」によってすべてが様変わりしている（ヌカはアラスカ先住民の言葉で、「大きな生き物」を意味する）。このシステムを運営するのはアラスカ先住民自身だ。スタッフの約55％、サポートスタッフの95％、マネジャーの60％以上がアラスカ先住民で、なかには経営幹部もいる。施設は立派で開放的であり、患者である先住民の文化や芸術を踏まえて設計されている。伝統的な癒しのための空間があり、面倒な手続きなしに医師や看護師と直接話せる「談話室」もある。救急治療室は本来の目的のために使われ、一般患者の待合室ではない。

他の業界に比べても、サービスは圧倒的に迅速だ。初診の場合、午後4時半までに病院に入れば、診察を受けるまでの待ち時間は20分以内だ。患者の満足度は96・9％に及び、スタッフの満足度も常に90％に達している。目覚ましい成果によって、SCFは2011年に院外治療を手がける医療団体で初めて、マルコム・ボルドリッジ賞を受賞した。

厄介な喘息や糖尿病の治療、幼児死亡率の改善にも成果は見られ、国内で最低レベルだったアラスカの医療は、SCFによって最高レベルに向上した。アラスカ先住民の場合、誕生から28日以内の死亡率は、数十年前には国内でも最悪だったが、現在では最低で、驚くような成果を見せている。一方、血糖値レベルをコントロールできる糖尿病患者の数は、上位10％に入る。喘息の高度治療を受けている子どもの割合は35％から85％に増え、喘息患者の入院率は10％から3％に低下した。

ヌカ医療システムが目指すのは、「身体、心、感情、精神の健康を享受する先住民コミュニティ」を築くことであり、究極の目的は、「健康で知られる先住民コミュニティ」になることだ。

ここ数年、スコットランドやシンガポール、ニュージーランドからも、変化をその目で確かめたい、どの教訓を活用できるかを見極めたい、という病院経営者や公衆衛生の担当者が続々とアンカレッジを訪れていた。2015年には、ハーバード・メディカル・スクールが変革の背後にある戦略や手法を探ろうと、2部構成の事例研究を出版した。医療改革の権威として世界的に知られるドナルド・バーウィックは2011年に来訪し、「国内、おそらくは世界でも有数の医療再設計の手本だ。驚くほど見事であり、アメリカの医療改革の手本になる」と語った。『ニューヨーク・タイムズ』紙も、医療の未来を語るシリーズの中で、アラスカでの「脅威的成果」に日曜版の論説を割き、「優れた効率性」を指摘すると同時に、他のシステムへの「強力な刺激」になる可能性があると記した。[1]

健康は、自分自身に誇りを持つところから始まる

私は、1991年以降、変革を担ってきたCEO、キャサリン・ゴットリーブの隣に座り、戦略について質問を投げかけ、リーダーシップの秘訣を聞き出そうとした（ゴットリーブは変化の担い手として、2004年にマッカーサー財団の天才賞を受賞している。アラスカ初の受賞だ）。アラスカ先住民に対する医療の質、一貫性、アクセスをどうやって向上させたのか。これほど劇的な医療改革をどのように実現したのか。CEOとして、改革をともに担う仲間を採用するために最も有効な手法は何だと考えているのか。

ゴットリーブはスタッフともども、どんな質問にも答えると言ってくれた（彼らが立ち上げたヌカ医療システムは世界中の団体を受け入れているため、パワーポイントの詳細な統計や解説を用いてあらゆる質問に答える用意があった）。「だけどその前に、座って、お互いのことを話しましょう」。

そうして私は妻や子どもたちのこと、生まれた場所、これまで何をしてきたかなどを話した。「今、あなたは、仕事のことを考えていますか、それとも離れているご家族のことですか」

とも聞かれた。私は、なぜ『ファストカンパニー』誌を立ち上げたのか、本書を執筆しようと思ったのか、アラスカの医療に興味を持ったのか、といった話もした。

ゴットリーブも、自身のことを話してくれた。これまで会ったどんなCEOよりも率直だった。生まれはアラスカのオールドハーバー、コディアック島にある小さな村だ。父親はフィリピン人、母親はアラスカ西部のアリュート人だ。子どもの頃はシアトルでしばらく過ごし、その後、ホーマーの南西に位置する漁村に移った。一家の12人の子どもの中では、最初に大学を卒業している。現在は6人の子どもと28人の孫、4人のひ孫がいるという。

24人しかスタッフがいなかったSCFに加わったのは、1987年のことだ。採用が決まると、CEOになりたいと言ったらしい。「『君にうってつけの仕事がある。受付だ』と、笑いながら返されました」。こうして彼女は受付から出発し、わずか4年でCEOになり、今や1750人以上のスタッフを擁するSCFを率いている。

「私は村を出て、アンカレッジで働きながら子どもを育てました。どこにいても、変えられるものを変えたい、周囲を良くしたいと願ってきました。だからこそ、ここ、SCFで起きていることにこれほど深く関わっているのです。私はヌカ医療システムが、子や孫の世代まで続いてほしいと願っています」。

インタビューはこのように、思いがけない形で始まった。なぜ私の経歴について聞きたいと思ったのか、自身の生い立ちを詳しく語ってくれたのかと聞いてみた。

「私があなたのことを何も知らなくて、あなたも私のことを何も知らなかったとしたら、どうやって本当の会話ができますか」。そして彼女はこう続けた。「ここで私たちがやっていることは、自分のストーリーを共有してほしいと願う人たち、自分が誰で、どこから来たのかを打ち明けたい人たちとの関わりなのです」。

身体の健康は、個人や集団としてのアイデンティティから始まる、と彼女は主張する。「健康は、自身のアイデンティティを誇りに感じるところ、アラスカ先住民として、医療システムと病院を持っていることを認識するところから、始まります。連邦政府の医療システムは、私たちをただの数字として扱うものでした。当時の病院の壁はひび割れ、いやな臭いがしました。何時間も救急治療室で待たなくてはならず、やっと順番が回って来たときには、仕事が多すぎて苛立っている医師から叱責されるのです。何もかも変える必要がありました。何もかもです。この地域の人たちが、人として大切に扱われるのは当然だと、私たちは考えていました」。

アラスカの病院が、驚くべき生産性をあげた理由

SCFの業績を知る病院経営者は、驚くべき生産性と効率に注目せずにはいられない。近年では、患者1000人当たりの急患件数は50%以上減少している。入院は40%以上、専門医の利用は60%以上、初期治療を行う臨床医の利用は30%以上の減少だ。スタッフの年間離職率は約26%から11%に低下した。あらゆる改善によってコスト削減が進んでおり、スタッフ数は7%、予算は2%の増加に留まっている。

住民の健康状態も大きく改善された。この地域の子どもの予防接種率は93％を超え、ニューヨークやロサンゼルスなどの大都市を含む北米48州の大半よりも高い。僻地の村に住む子どもが多いことを思えば、この数字はいっそう意味を持つ。帝王切開率は11・5％、全国平均の3分の1だ。この地域の妊婦の多くがハイリスク妊娠であることを思えば、驚きの数字だ。胎児性アルコール症候群、生活習慣病、家庭内暴力、子どもに対する性的虐待やネグレクトを克服するための画期的プログラムは、それぞれの領域で手本となっている。

私は数字に表れた成果以上のものに目を向けてみた。確かにゴットリーブらは、外来患者施設の設計や病院運営の改革に関して画期的戦略を考案している。コスト管理や結果の改善に関しても、多くの病院がいまだに模索している非ゼロサム的な定式を見出した。だが、彼らの業績をこれほど示唆に富むものにしているのは、賢明な考え方にも統制の取れた実行にも限界があるという認識だ。

スタッフ一人ひとりが、SCFの政策や手順に従うだけでなく、自ら責任や成長を促すアイデンティティを持たなければ、SCFは持続できず、医療サービスを受ける住民が「健康を保ち評判になる」こともない。リーダーの課題は、最新医療に必要な高価な技術や厄介な矛盾を管理することだけではない。人間の行動に潜む無限の謎を認識し、「謎解き」に取り組むことだ。

「彼らは本物のパイオニアです」と語るのは、医療の質改善研究所（IHI）を率いるコリー・セビンだ。研究者であり上級看護師資格を持つ自身を、「（SCFの）古くからのファン」だと言う。様々な医療施設に助言を行ってきたセビンは、SCFの特徴をよく理解している。

「彼らは生身の人間として患者に接し、配慮を怠りません。人間の行動の変化に対して、最善の対処を行います。ほとんどの病院は医師中心で、病院自体の効率を最大限高めようとするのですが、SCFは純粋に人間に焦点を当て続けるという驚異的な仕事を成し遂げています。先住民の文化や価値観に耳を傾け、もっと元気に暮らすための障害は何かを理解し、病院やスタッフの都合ではなく、患者が望むようなサービスを提供しているのです」。

1989年からSCFの発展を支えてきた医療サービス担当バイスプレジデント（VP）のダグラス・エビーは、こう語る。「近代の医療は科学革命、産業革命、組み立てラインに大きく影響されていました。治癒可能な病気の治療や壊れたものの修理については、驚くほどの成果をあげています。しかしそれは、社会が現在、医療に期待するものの3分の1でしかありません」。

エビーは両手を胸の前に差し出してこう言った。「以前は、この程度で病院に行きました」。そして両手を大きく広げ、「今ではこうです。こんなにたくさんの目的で医者にかかるようになり、我々は医療に頼る生活をしています」。

「じっと座っていられない人、人と関われない人、慢性的に肥満に苦しむ人がいます。それなのに以前と同じような流れ作業で、すべてを処理しようとしているのです。従来の診断、処方、治療計画は実は二次的なものにすぎないというのに、我々の仕事の3分の2がそれです。きちんと薬を飲むかどうか、食事をするかどうか、暴言を吐くかどうか――どれも医療者ではなく、患者次第です。我々の主な仕事は、人々に影響を与え、健康に責任を持つための道具を提供し、自身で健康を取り戻してもらうことです。だからこそ、我々は少しばかりほかとは違ったことをやっているのです」。

「少しばかり違ったこと」は、SCFの基盤になっている。施設をどのように設計しているのか、慎重に考慮された統合医療に誰が従事しているのか、メンタルヘルス・コンサルタントを活用し、中毒、抑鬱、家庭内暴力の兆候をいかに察知し速やかに対応するか、歯科助手に至るまですべてのスタッフを訓練の対象としているのは、なぜか。

「SCFのシステム全体が、心身の問題に対応するためのものなのです」と語るのはアラスカ先住民で、ゴットリーブ同様、受付からスタートし、現在ではメンタルヘルスサービス担当VPのチャンダ・アロイシウスだ。SCFの「カスタマー・オーナー」6万5000人のうち50%あまりが、「人生のどこかで問題行動の診断を受ける可能性があります」と言う。

人間中心の姿勢は、SCFが対象とする患者や住民に対して用いる言語にも影響している。たとえば、患者を「カスタマー・オーナー」と呼び、患者自身にもそう呼ぶよう求める。インタビュー中に誰かしら「患者」という言葉を使うのではないかと期待したが、そんなことは一度もなかった。

なぜこんな面倒くさい呼び方をするのかと言えば、それは患者に対する敬意であり、患者に自らの人生を尊重してもらうためだ。「自分の健康を守るのは自分自身だと感じてもらいたいのです」とゴットリーブは言う。「私たちはやって来て治療するだけのヒーローになるつもりはありません。『カスタマー・オーナー』には、『私には、自分の健康を守る責任があります。あなた方は、私にとって第一の助言者です』と言ってもらいたいのです」。

「カスタマー・オーナー」は、SCFの所有者であり、運営者でもある。『ニューヨーク・タイムズ』紙の論説がヌカ医療システムを取りあげたとき、ゴットリーブは大いに喜んだ。自身に注目が集まることは望んでいなかったが（私が出会った他のCEOに比べるとかなり控えめだ）、「カスタマー・オーナー」には、自分たちが成し遂げてきたことや、今後担うべき責任を認識してほしいと願っていた。だから彼らにこう伝えた。

「見てください、みなさんの名前が出ています。みなさんから学びたいと、世界中からここに来る人たちがいます。みなさんは世界の医療を変えようとしているのです。SCFはみなさんのものです。気になるところがあれば、どんどん変えていきましょう」。

親切・丁寧は生産性を下げるのか？

ビジネスの世界では、ビッグアイデアや破壊的イノベーション、戦略的変革など、競争力を高め強みを磨く刺激的なキーワードが幅を利かせている。だが、素朴で単純なストーリーが、成功やリーダーシップ、人生についての大事な教訓を与えてくれることもある。創造性や生産性と引き換えに、共感や思いやりを失ってよいのだろうか、と。

社会は常に不安定であり、世界は不確かなもので満ちている。富の一極集中やコンピュータ／通信手段の変化が与える衝撃も大きい。だからこそ、人と人が結びつくささやかな行動が、かえって私たちの関心や想像力を刺激する。マザー・テレサは言った。「誰もが偉大なことをできるわけではない。しかし、小さなことを大いなる愛をもって行うことはできる」。『アドウィーク』に掲載された、心温まるストーリーを紹介しよう。ニューハンプシャー州ウィルトンに住むブランドン・クックは、がんで余命いくばくもない祖母を見舞うため、病院を訪ねた。祖母は、病院のスープは飲めたもんじゃないと嘆き、おいしいスープが飲みたいとブランドンにこぼした。

ぜひ祖母に大好きなパネラ・ブレッドのクラムチャウダーを飲ませてあげたかったが、困ったことに、クラムチャウダーは金曜日限定だった。ブランドンは近くのパネラに電話をかけ、店長のスザンヌ・フォティアに事情を話してみた。すると、祖母のために特別にクラムチャウダーを作ってくれただけでなく、お見舞いにとクッキーの箱まで添えてくれた。とはいえ、普通ならこのささやかな行為が『アドウィーク』の記事になることはなかっただろう。だが、ブランドンがこの経緯をフェイスブックにあげ、母親のゲイル・クックがパネラの掲示板にそのリンクを貼った。といっても、店長とスタッフの行為（「店長は、クラムチャウダーを作りましょうとためらいもせずに言ってくれた」）、それに対する感謝の気持ち（「たいていの人にとってクラムチャウダーはたいした問題ではないかもしれないが、祖母にとっては大きな意味があった」）を、手短かに記しただけなのだが。

ここからは、ソーシャルメディアの本領発揮だ。ゲイルの投稿には約81万件の「いいね！」

と、3万5000件を超えるコメントが寄せられた。ブランドンの祖母に対するパネラの店長やスタッフの思いやりは高く評価された。2000〜2015年までの15年間で株価が45倍になっていたパネラは、広告では買えないものを得た。一人の顧客に対するさりげない行為によって、世界中の顧客から賞賛されたのである。[2]

フェイスブックには、「今夜はパネラで食事をすることにしました」「これからスザンヌの店に行くところ」「この世界も捨てたもんじゃないね」「痛みや苦しみばかりの世の中で必要とされる優しさがここにある。スザンヌとパネラ・ブレッド、ブランドンとおばあさんに祝福を！」といったコメントが寄せられた。

マーケターは、これぞソーシャルメディアやオンライン上のクチコミによって企業の評価が高まった典型だと考える。だが、それだけではない。私たちを一人の人間として扱い、特別な存在だと思わせてくれる、ささやかなプラスアルファを差し出してくれる企業と関わりたい。顧客や従業員を含む誰もが心からそう望んでいるのだ。

技術によって常に変化する世界において、私たちの多くが切望するもの、本当の意味で傑出したものは、人間であることの意味を思い出させてくれる「ささやかな思いやり」だ。地元のニュースサイトから、フェイスブックに寄せられたコメントについて聞かれると、ブランドンは次のように答えた。

「おばあちゃんはフェイスブックを知らないから、直接見せてあげました。一人で死を迎えることを怖がっていたおばあちゃんに、大勢の人が心配してくれているって伝えたかったたんです」。

マニュアル通りのディーラーが失ったもの

この話を聞いて、私は父のことを思い出した。75歳を迎える記念に、新しいキャデラックをプレゼントして親孝行しようと考えた。今の車はもう10年も乗っているんだから、ショールームに行って好きなモデルを選ぶといい、値段の交渉が終われば、あとは僕がやるから、と電話で伝えた。

父は大喜びでディーラーに出かけ、新しい車を試乗し、オプションを選んだ。そして値引きの交渉に入ると、顧客向けディスカウントチケットを使いたいと付け加えた。ところがチケットを見たディーラーは、有効期限は木曜日までだと言う。その日は金曜の午後だった。「何とかならないかな。私はずっとキャデラックに乗っているんだ」。父は粘ったが、ディーラーは受け付けない。

父はがっかりしてその場を離れた。他の車種も見てみようと考え、翌週の金曜日にビュイックのディーラーを訪れた。ビュイック・ラクロスに目を留め、ディーラーと話をした（ラクロスも超人気モデルだった）。ディスカウントチケットのことを父が話すと、ディーラーはコンピュータを素早くチェックし、有効期限が切れていることを再確認した。「でも、大丈夫ですよ。お支払いいただく金額から1000ドル引きますから」。

喜んだ父はラクロスを試乗することにした。もう少し早い時間に来れば、もっと長く試乗できたのに、と父が言うと、ディーラーはこう答えた。「では、このまま乗って帰って週末に試してください。返車は月曜日でかまいませんから」。

ところが喜びもつかの間、父は週末に具合が悪くなり、緊急手術を受けることになった。手術後のふらふら状態でビュイック・ラクロスが自宅のガレージにあることを思い出し、病院からディーラーに電話をかけた。事情を説明する父に、「車のことはご心配なく。早く良くなってください」とディーラーは言う。翌朝、父の病室に届いたのは、きれいな花束と、お大事にと書かれたディーラーからのカードだった。

退院後、父がラクロスを購入したのは言うまでもない。その後も友人や知り合いに会うたび、いや、偶然出くわした人にまでこの出来事を語っている。フェイスブックこそ使っていないものの、マーケターが羨むようなクチコミマーケティングだ[3]。

とはいえ、キャデラックのディーラーのような行動はよくあることで、むしろビュイックのディーラーの方が例外なのだが、結果は明らかだ。誰だって安いものが好きで、金銭的な価値提案には抗えない。その一方で、いつまでも心に残り、感謝し、大切に思うのは、算盤づくの計算に温かさを加えられること、思いやりや共感を示されることなのだ。斬新で特別な価値提案が、常に効果的というわけではない。マニュアルにない選択肢を差し出す、丁重な振る舞いが功を奏することもある。ささやかな振る舞いが大きな違いをもたらすのだ。

私はある日、『ニューヨーク・タイムズ』紙の一面を見て興奮した。ロシアに広がる変革の兆しをレポートした記事で、民主主義や腐敗、軍国主義ではなく、顧客サービスをめぐるささやかなアイデアについて論じていた。悪名高いアエロフロート・ロシア航空が、乗客への接し方をフライトアテンダントに教育した結果、機内は和やかで笑顔にあふれているという。「無表情でよそよそしい態度、無言の応対は過去のものだ」「ロシア流のサービスに固定観念を持つ乗客にとっては、まるで革命だ」と記されていた。

同紙によれば、かつて乗務員は、ボリショイ劇場の振付師から「歩き方や動き」の指導を受けていた。近づきがたい優雅さはそのせいだろう。今では乗客との気軽な会話が重視され、乗客を驚かせている。

「アンナ、シャンパンをお客様に見せたとき、何も言わなかったわね」。インストラクターは実習生にそう指摘した。「無言のサービスはソビエト時代のものよ。お客様に話しかけなくては。そして笑顔を忘れないこと。どんなときも、笑顔、笑顔よ[4]」。

この記事を読んで特に印象に残ったことが2つある。1つは、笑顔を忘れるなという単純な指摘の繰り返しが、アエロフロートの従業員を大きく変えたということだ。『ニューヨーク・タイムズ』紙によれば、同社のサービスは東欧の航空機の中では群を抜く。もう1つは、欧米では人と人との結びつきの価値に疑問が持たれているように見えながら、その一方でアエロフロートのプログラムが注目されていることだ。

激しい競争、冷笑主義、デジタルに支配される時代にあって、ささやかな振る舞いの力を重視する企業はほとんどない。だからこそ、パネラ・ブレッドの店長やビュイックのディーラーの対応が稀有に見えるのだろう。丁寧に振る舞っていては生産性が落ちる、そう考える企業やリーダーは多いが、実はそうではない。

心のこもった対応が持つ、本当の力

アエロフロートの記事を読む数か月前、私はプレタ・マンジェ（Pret A Manger）の成功に対する中傷と、快活で常に笑顔を忘れない従業員の前向きな姿勢のギャップに戸惑っていた。ロンドンに本社を置くプレタ・マンジェ（フランス語で「すぐに食べられる」という意味）は、アメリカのパネラ・ブレッドに匹敵する手軽なサンドイッチチェーンであり、創業まもない2002年には『ファストカンパニー』誌でも取り上げた。

当時はイギリスで118店舗、ニューヨークで5店舗、香港に1店舗だったが、その後の発展は目覚ましい。2014年にはパリや上海のほか世界各地に374店舗、アメリカでは4都市で60を超える店舗を展開している。顧客数は1日当たり30万人強だ。

プレタのビジネスモデルで重要な点は、できたてのサンドイッチの種類の多さだ。店に入って1分以内で買い物が済むため、多忙なビジネスパーソンにうってつけだ。しかも従業員は、束の間の滞在が、特に常連客にとって笑顔や前向きなエネルギー、人と人との結びつきを感じてもらえるものになるよう心を砕いている。

CEOのクライブ・シュリーは、この「プレタ・バズ（プレタで味わう快感）」を生み出すために「プレタ流行動指針」を定めている。「私たちは、フレンドリーで活発で、ユーモアあふれる従業員を採用します」といったものだ。シュリーは『テレグラフ』紙の記者に対し、従業員が顧客のみならず、同僚とどう接しているかはすぐにわかると述べた。「態度を見ただけで、その店の売上げがほぼ正確にわかります」。

「プレタ流行動指針」を最前線のスタッフに身につけてもらうための、厳格な研修プログラムがある。「プレタ・アカデミー」と呼ばれる研修には、好ましい雰囲気作りのためのマニュアルも用意されている（このマニュアルは多文化に対応している。イギリスの店舗で働く従業員の国籍は106種類に及ぶ。イギリス人は18％にすぎず、ポーランドやコロンビア、イタリア国籍が大半を占める）。『テレグラフ』紙によれば、「自分が言われてうれしい言葉をお客様に対して使い、我が家のゲストであるかのように接すること」といった指針もあり、気軽に言葉を交わし合う以上の哲学があるとのことだ。

「感情労働」に対する賛否両論

これは、大西洋の両側で批評家の注目を集めた。第1弾は『ロンドン・レビュー・オブ・ブックス』誌に掲載されたエッセイで、従業員がおいしいサンドイッチを安く提供する以上のことを期待されている状況に噛みついた。

「プレタ・マンジェが理解していて、競合他社が気づいていないのは、1970年代以降、『感情労働』と進歩的左翼理論家が呼ぶものを生み出すために、どれほどの費用がかかるかということだ」

「労働はモノを生み出すだけの行為ではなくなり、他者に対して肉体的、精神的エネルギーを提供する行為になろうとしている。何を生み出すかではなく、自身の感情の表出が他者の感情をどのように動かすかが重要だ。母親や看護師にとっては目新しいことではないが、膨らんだサービス業界では、それを『女性の仕事』と片づけることはできない。後期資本主義のコモディティの主要形態とみなさなくてはならないのだ」。

翌月、ジャーナリストのティモシー・ノアは『ニューリパブリック』誌で、プレタのビジネスモデルの根幹である「感情労働」と「幸福感の強要」を辛辣に批判した。そのエッセイは、地元の店舗に出かけたときの出来事から始まる。彼は、若い女性スタッフ（「スレンダーでプラチナブロンド」）が自分に恋していると感じたという。「僕が店に入ってサンドイッチやカフェラテを頼むたびに、彼女は頬を赤らめて僕をみつめる。これが恋でなくてなんなんだ」。ところがそうではなかった。「やがて僕は気づいた。彼女は僕の後ろに並んでいた客も、その後ろの客も同じようにみつめていた。目を輝かせてお客をみつめるのが、彼女の仕事だった」。

少しがっかりしながら、ノアはこう述べている。「トマトとチーズのサンドイッチを売る従業員が、なぜ〝存在感〟を示し、〝楽しみ〟を作り出さなくてはならないのか。〝お金〟のためだけにサンドイッチを売ることはできないのか。店で代金を受け取ることが、誰かの天職であってほしいとは僕は思わない。結局のところ、経済活動の最底辺の仕事なのだから」。

ノアの考え方にも一理あるとは言え、最前線のサービス業に従事する者には、必要最低限の能力と義務感さえあればいいという考え方は偏っているし、尊大だろう。従業員が歯を食いしばり、眉間にしわを寄せて働く店よりも、明るく快活な雰囲気が漂う店の客になる方がよいではないか。プレタがポイントカードを作らないのはそのためだ。

常連客であっても、ポイントを貯めて、無料でコーヒーやサンドイッチをもらうことはできない。その代わりに従業員には、快活な客のしゃれた振る舞いに気づいたときや、大変な一日を過ごしたかに見える客を元気づけたいとき、無料のドリンクやサンドイッチをプレゼントする権限が与えられている。

「スタッフは毎週一定数のホットドリンクと食べ物を無料で提供しなくてはなりません」とCEOのシュリーは語った。「スタッフは顧客の28%に対して、何かを無料で提供することになります。これが私たちのやり方です[5]」。

言うまでもなく、プレタのやり方は万人向けではない。だからこそ、従業員を採用するときには、価値観が一致しているかどうかを判断するための試行期間を本採用の前に設けている。試行期間が終わると、同じ店で働いた従業員が、フルタイムでの就業を認めるかどうかを決める（約10%は不採用になるという）。知識の量や能力よりも、人となりが重視されるというわけだ。

人柄は経歴と同じくらい意味を持つ。プレタに限らず、私が出会った活気あふれる企業はみな、社風に合わない従業員には積極性を期待できない、と明言している。

王立カナダ騎馬警察は、よい子どもをつかまえる

今後、大きく成長する企業にとっては、「感情労働」が重要になるに違いない。喜ばしいことだ。ここで今一度、問いかけてみたい。**思いやりを持つのが難しいようなビジネスがあるとしたら、それはいったいなぜだろう。ささやかな結びつきさえ稀有に感じられるとしたら、そんな場所で、私たちはどのようなリーダーになれるだろう。**

どの企業も、意図してはいないにせよ、日々の業務の中で前向きな感情やささやかな礼儀を表に出すことは少ない。それが重要だと気づいていても、本気で取り組むことはない。部下からベストを引き出せるよう行動することは、そんなに難しいことだろうか。

ウォード・クラッパムは、まさにこの問いに取り組んできたリーダーだ。しかも彼の「ビジネス」は人間の闇の部分に関わっている。ブリティッシュ州リッチモンドで、王立カナダ騎馬警察の国内で3番目に大きい部隊を率いていたとき、彼は孤立した若者による非行や犯罪の数々に直面した。著書『法を破る（*Breaking With the Law*）』（未邦訳）の中で、「私が仕事で直面する現実」の一つは、日常業務として「犯罪者をつかまえ」なくてはならないことだった、と記している。

だが、クラッパムは起きてしまった犯罪を取り締まるだけでは満足しなかった。悪事を懲らしめるだけでなく、正しい行いを褒め、問題を起こす若者と前向きに関われないだろうか。

こうして、「ポジティブチケット」という改革が生まれた。法を犯した青少年は、もちろ

ん逮捕する。と同時に、学校や公園で、彼ら自身や周囲の誰かのために、ささやかであっても何かいいことをした若者をみつけては、「ポジティブチケット」を発行した。チケットは、レストランでの食事や映画館、テーマパークの入場料と引き換えられる。「間違ったことをした若者をつかまえる代わりに、いいことをした若者をつかまえる」のだとクラッパムは記す。

これは、最前線で働く警官の姿勢や考え方を変える試みでもある。「いいことをしている子どもたちを探すのは楽しいものだ」。部下には、楽しみながらやるようにと命じた。

「といっても、チケットを渡すたびに特別なことをする必要はない。若者はうわべだけではだませない。大人が子どもの善行に心から関心を持っていないなら、一定数の子どもにチケットを配っているだけなら、あるいは何か別の理由でやっているなら、すぐに見抜かれるだろう。ポジティブチケットの配布は、警官にとって、一日の仕事の中で一番充実した時間でなくてはならないし、顔や態度にも表れていなくてはならない」。

配布されるポジティブチケットは年間およそ4万枚、法律違反切符の3倍にのぼる。「相変わらず子どもを追いかけていると言われるかもしれないが、追いかけているのは善行だ」。その結果、青少年犯罪による通報は50%減少し、推計では1000人の若者が裁かれずにすんでいるという。

警察と地域との関係は大きく変化した。「駐車場は子どもたちでいっぱいだ。私の姿を見かけると、逃げるどころか駆け寄ってくる。今では友だちのように思っていて、私が彼らをつかまえようとしているとは思ってはいない[6]」。

アマゾンのジェフ・ベゾスが祖母に学んだこと

アマゾン・ドットコムの創業者ジェフ・ベゾス——ネット界で巨万の富を得た彼でさえ、寛大な姿勢が仕事や人生にもたらすものや、それを強化する（損なう）ささやかな振る舞いの力を無視することはできない。少し前になるが、ベゾスは、母校プリンストン大学の卒業式でスピーチを行った。戦略の達人であり、テクノロジーの征服者である彼がこの日語ったのは、ドローン配送でもクラウドコンピューティングでもない。祖母を泣かせた思い出と、そこから何を学んだか、だった。

ベゾスは少年時代から頭の回転が速く、数字を扱うのが得意だった。夏休みに祖父母と車で旅をしていたときのこと、祖母がしきりにタバコを吸うのが気になった。そこで、祖母が1日何本タバコを吸っていて、1本当たりどれだけ煙を吐き出すか、そのたびにどれだけ健康が損なわれているかを数え上げ、助手席に座る祖母に教えた。「ほら、寿命が7年も縮まったよ！」。

ベゾス少年はてっきり、「計算ができたことを褒めてもらえるものだと思っていました」。ところが、祖母の反応は違った。泣きだしたのだ。祖父は何も言わずに車を停め、車から降りると、ベゾスについて来るよう促した。

「祖父は私をみつめ、しばらく黙っていました。そして穏やかな口調でこう言ったのです。

『ジェフ、賢くなることよりも、思いやりを持つことの方が難しい。お前もいつかそのことに気づくだろう』」。

この思い出を語ったときのベゾスの口調は、いつもとは違っていただろう。2015年の夏、『ニューヨーク・タイムズ』紙はアマゾンを一面で取り上げ、残酷なほど要求水準の高い労働環境を検証した。ベゾスはその何年も前から、これほど野心的で容赦ない企業が世界からどう見られているかを考えるようになっていた。年間売上高が1000億ドルに達したとき（2014年には890億ドルだった）には、同社は恐れられているのか愛されているのかという問いを経営幹部に示し、「アマゾン・ドット・ラブ」と題したメモを示している。「大手企業の中には、熱心なファンを持ち、幅広い顧客に愛され、それでいながらかっこいいと思われている企業がある」と、ナイキやコストコ、UPSなどの名を挙げた。その対極にあるのが、ウォルマートやマイクロソフト、ゴールドマンサックスで、アマゾンを仲間入りさせたくはなかったのだ。

ベゾスによれば、企業がどう見られるかは、どのように行動するか、その行動が直接の競争相手とどう違っているかによる。「不作法であることは、かっこ悪い。ちっぽけなやつらをやっつけることもだ。礼儀正しく振る舞い、自分たちよりも大きいやつら、思いやりのないやつらをやっつけることこそ、かっこいい」。ベゾスはメモの中で続けた。「探究者はかっこいいが、征服者はかっこ悪い」。そしてアマゾンに投資し、長年理事を務めたジョン・ドーアを踏まえ、こうも記している。「使命感に燃える者はかっこいいが、欲得ずくの輩はかっこ悪い」[7]。

たしかに有能なリーダーは、先進技術を受け入れ、業界で何を実現できるかを再考し、多様な源から新しいアイデアを探し求めるよう部下を促し、勝つ意思を組織に浸透させる。だが、創造性や生産性は、思いやりや共感という個人（や組織）の能力を犠牲にしてもたらされるものではない。

プリンストン大学でのスピーチの最後に、ベゾスはこれまでの人生で学んだことを12の質問として卒業生に示した。

「あなた方は固定観念に従いますか。それとも独自の存在になりますか」

「批判に甘んじますか。それとも自身の信念に従いますか」

「安全を第一にしますか。それとも少しばかり冒険してみますか」……。

ベゾスの人生と関連が深く、アマゾンの中でもまだ答えが出ていないが、意欲的なリーダーにとって最も重要なのが、最後の質問だった。

「あなた方は誰かを犠牲にしても賢く立ち回りたいと願いますか、それとも思いやりを示しますか」。

6章

企業は「愛情」を提供できるか

本当の幸せとは、どういうものか

サーチ・アンド・サーチの元CEOケビン・ロバーツは、広告業界を牽引するリーダーの一人だ。トレードマークはもはや時代遅れであり、顧客と思いやりや一体感といった絆を結び、「ラブマーク」と呼ばれるブランドを目指すよう提案した。ラブマークは「すばらしい〈愛情の〉対象」として「理屈を超えた愛着」、そして「少々のつまずきをものともせず、失敗に理解を示す」深く安定した結びつきを生み出すものだ。旧態依然のブランドなど必要ない。ほとんどの人が代わりをみつけるだろう。それでも、それが「ラブマークでなければ満足しないはずだ」。

市場には、しゃれたデザインで広告費をふんだんに使ったブランドがあふれている。にもかかわらず、ラブマークがほとんど存在しないのはなぜなのか。ロバーツによれば、企業が自社製品について顧客に説明する際、価格や機能、特性など細部に焦点を当てすぎるからだ。ラブマークは「顧客が心を動かされるようなカリスマブランド」で、「謎に満ち、相手を虜にすると同時に、親密さにあふれて」いる。費用のかかるテレビCMや、ソーシャルメディアの巧みなキャンペーンによって築けるものではない。必要なのは、「新しい視点、自社をどう見ているか、消費者についてどう感じているかを変える手段」である。もちろん、「消費者が企業についてどう感じているか」も同じように重要だ。

ロバーツは常々こう助言する。「愛は随所にある。日常生活では、感情がこれほど中心的な役割を果たしているというのに、なぜビジネスの世界では無視されるのか。家族や友人と親密な結びつきを生み出す衝動こそ、まさに私たちが職場で必要とするものだ[1]」。

ラブマークに対する情熱によって、ロバーツは何か大きなことを成し遂げるだろう。私はそう信じてやまない。とはいえ、パネラ・ブレッドの人気が世界をまたぎ、ビュイックの心優しいディーラーが生涯忠実な顧客を獲得したことを思い返せば、つくづくこう思う。**大きなことを成し遂げようとするリーダーは、組織の内外に大きな影響を及ぼす〝ささやかなこと〟を見落としはしない**。革新的アイデア、破壊的技術、巨額のマーケティングが幅を利かせる時代には、結びつきをもたらすシンプルな行動が、とりわけ意味を持つ。

5章で取り上げたサウスセントラル財団（SCF）も、たしかにラブマークだろう。従業員やカスタマー・オーナーの間に「理屈を超えた愛着」をかき立てる。しかし、キャサリン・ゴットリーブが強調するように、彼女たちが大きな成果を達成しているのは、住民や患者に対して、血の通った生身の人間として、複雑で独特な存在として、一対一で向き合うささやかな取り組みを重ねた結果だ。

教科書どおりのコスト管理や改善と、ヌカ医療システムの背後にあるリーダーシップ戦略との違いは、治療法だけではない。何が患者を動かしているのかを理解し、どうすれば影響を及ぼせるかに、一貫して積極的に焦点を当てている点にある。

ゴットリーブはCEOになるはるか前、受付として採用された頃からこれを実践していた。予算不足に悩む小さな財団の一員となった頃は、職場のくすんだ壁やぼろぼろの家具、服装に無頓着な同僚にがっかりしていた。助けを求めて訪れた病院が、逆に助けを必要としているかに見えるとしたら、患者（この頃はまだ「カスタマー・オーナー」という呼び名はなかった）は安心して身を委ねられるだろうか。そこでゴットリーブは壁にペンキを塗り、敷物を交換し、おしゃれなオーク材の机を置き、完璧なプロに見える洋服を着た。

「環境を変えたのは、入ってくる人たちを安心させるためでした。自分をよく見せたかったわけでも、大きなデスクに座りたかったわけでもありません。訪れる人たちがどんな風に受け入れられるのかを示すためであり、彼らが誰で、なぜ大事にされるのかを伝えるためでした。『あなた方は人間であって、数字や症例ではありません。あなた方は王様、女王様であり、私は召使いです。アラスカ先住民はこのような扱いに値するのです』。当時の私は財団全体に対してこういったことを行う立場にはなかったのですが、身の回りを変えることはできました」。

そこから数々の賞を受賞するまでの道のりは、決して平たんではなかった。しかし、人間を尊重するゴットリーブの姿勢が、少しずつSCFを変えていった。

相手への敬意から生まれたイノベーション

画期的イノベーションに、基本的な医療サービスを提供する「統合ケアチーム」がある。1チーム8人で構成され、1200～1400人ほどのカスタマー・オーナーに対応する。医師はもちろん、ケースマネジャー（常に正看護師が担当する）、栄養士、有資格の医療助手、管理者、薬剤師、メンタルヘルス・コンサルタントが含まれる。彼らは「その資格を最大限活かして活動する」よう奨励される。法的に認められる責任を担い、その範囲でより多くの責任を果たしてもらうということだ。

医療サービス担当VPのダグラス・エビーは次のように語る。「医療助手は、正看護師がやらないことを行います。かつて一次医療が提供していたようなことです。我々のシステムで働くための訓練を行っているところはどこにもないので、基本的には全員に再訓練が必要です。我々は役割を作り変え、もっと大きく複合的な責任を与えています」。

この研修によって、統合ケアチームは患者に十分配慮した、シームレスで一貫したケアをいつでも提供できるようになる。患者や家族を担当する医師や看護師、医療助手が年によって変わることなく、みな協力して対応する。その結果、多くの病院にありがちな伝達ミスや組織の壁による弊害を回避できる。しかも、メンタルヘルス専門家が最初から関わることで、医療者と患者の会話が増え、診察が一方通行ではなくなる。

訓練を受けたカウンセラーやセラピスト、ソーシャルワーカーは、型どおりの診察で見落とされがちな警告サインをみつける。睡眠やストレスの問題に手を差し伸べ、処方された薬を正しく服用するよう指導し、食事や衛生状態についても支援を行う。「医師は病気の診断や薬の処方に関してはプロですが、健康的な生活を送るために患者を元気づけ、励まし、意欲を持たせる役割は、別の誰かが担う方が望ましいのです」とエビーは説明してくれた。「核心に踏み込んで仲介役となるカウンセラーの役割は、我々の発明の一つです。馴染みの美容師やバーテンダーみたいなものでしょうか。その人の人生に何が起きているのかに耳を傾け、相談役となり、思いやりを示します。我々は、何万人もの人たちに手を差し伸べるメンタルヘルスのデリバリーサービス、ほかのどこにもないサービスを提供しているのです」。

デリバリーサービスに含まれるのは、統合ケアチームだけではない。SCFのリーダーは、「心身の健康を保つための医療サービスを提供する手段」を常に探している――そう語るのは、メンタルヘルスサービス担当VPのチャンダ・アロイシウスだ。その典型例が歯科で、ゴットリーブが受付だった頃から提供し続けている。先住民と歯科スタッフとの触れ合いは、虫歯や歯周病以上に、カスタマー・オーナーの生活を知る貴重な糸口となる。

「うちの歯科助手はすばらしい。快活で温かくて親しみやすいのです」とアロイシウスは語る。安心できる雰囲気が相手に心を開かせ、秘密を打ち明けさせる。「食べるものがなくて、冷蔵庫がからっぽなの」「うちの子が麻薬に手を出していないか心配」「夫が私を殴るんです」。打ち明け話をする者にとって、歯科診療にはまったく別の意味がある。

「実際、歯科ではソーシャルサービスを必要とする事例が多く、私たちは常に緊急事態に備えています。歯が痛いからではなくて、夫から逃げてきたという女性もいるのです。その場合には身の安全を確保し、役所に知らせる必要があります。メンタルヘルスに関しては、すべての扉が入り口でなくてはなりません」。

本当の幸せ、人生の喜びを取り戻してもらうために

カスタマー・オーナーの生活全般に関わろうとすること、医師や薬剤師、歯科衛生士との接点を通じて患者特有の悩みや複雑な家庭事情を確実に把握することで、SCFはより効果的に機能する。ゴットリーブや経営幹部は、自らの仕事を既存の医療の枠に限定しない。長期的健康問題（幼児の死亡率、心臓疾患、肥満）を、短期ないし一度限りのプログラムで解決することもない。彼らの戦略は、感情や共感を基礎に組み立てられ、時間をかけて患者の責任感や自尊心を高める。

糖尿病プログラムもしかり。これは糖尿病患者に様々な治療を行うためのものかと尋ねると、エビーは首を振り、次のように答えた。

「糖尿病には、食事、運動、睡眠、ストレス管理などの長期戦略が必要です。特効薬はありません。患者自身が変わろうと思わなくては。50歳の患者がいるとしましょう。アラスカ先住民であれば、たいてい孫がいて、狩りや漁の仕方、獲物の処理の仕方を伝授したいと考えているはずです。そこで私たちは、糖尿病がいかに視力を損なうか、指先の感覚を奪うかを説明します」。

ほとんどの患者は、白書やデータ、医学雑誌の論文には反応しない。

「大事なのは、統計数字ではありません。孫に教えたいと願うことを教えられるかどうか。ひらめきや単独の糖尿病撲滅プログラムだけで解決できるものではありません。患者にどのように影響を与えるか、それぞれが置かれた立場でどう対処できるか。私たちのプログラムでは、時間をかけて患者の状況を理解し、回復へと導くことができるのです」。

特別な対応によって突破口を開こうとするCEO直属のプログラムもある。ゴットリーブは「家族の健康を守るイニシアチブ」を作り、アラスカ先住民に対する長年の差別からくる悲劇に取り組んでいる。家庭内暴力、子どもに対する性的虐待やネグレクトは、何世代にもわたって先住民を苦しめてきた。あまりにも大きな健康問題であり、もちろん解決には費用がかかる。なにより、これまでひた隠しにされてきたトラウマに触れることになる。

最も特徴的なのは、「灰の代わりに頭の飾り（Beauty for Ashes）」という聖書の言葉を借りたグループセッションだ。危険にさらされた人たち、あるいは危険な行為に関わった人たちが集まり、4泊5日、1日14時間かけて自分たちの経験を語り、過去を振り返り、自分がしたこと、他人にされたことを共有する。このセッションを主宰することも多いゴットリーブは、これを「グラウンドゼロに向かう旅」だと言う。

過去のトラウマや誰にも言えなかった屈辱を、苦しみながら認めるところから解放が始まる。糖尿病の管理や免疫向上とは尺度がまったく異なる。家庭内暴力の根底には長年の抑圧や剝奪があり、簡単には解決できない。唯一成功する可能性があるのは、犠牲者一人ひとりの過去を、たとえ痛みを伴おうとも深く掘り起こし、前進するために一番大事な価値観を引き出すことだ。

「私たちは、家庭内暴力や児童虐待をめぐる沈黙を破ろうとしています。5日で成果が出る場合もあれば、何年もかかる場合もあるのです」。

この取り組みが広がり、外部から注目されるようになると、SCFはカウンセラーや村のリーダー、アラスカ全土のボランティアに対して幅広く研修を行うようになった。長く無視されてきた健康に対する危機的状況を改善することが一つの目標だが、それだけではない。「本当の幸せとはどのようなものなのかを知ってもらいたい、もう一度、人生の喜びを味わってもらいたいのです」とアロイシウスは語る。

従業員との一体感がカギ

レジ係やフライトアテンダントの笑顔、歯科技工士からの思いやりに満ちた助言が、それを受け取る人（あるいは与える本人）にとって大きな意味を持つ——そう考える人は多くないかもしれない。しかし、有意義な体験を生み出し、魅力的な組織を築くためにはたしかな意味を持つ。

私の知る限り、優れた企業は他の企業と考え方が異なるだけではない。配慮にも富んでいる。「ラブマーク」を作るにせよ、愛を広げるにせよ、**職場を格別なものにしなければ、市場で抜きん出た存在になることはできない**。ブランドは文化を対外的に発信するものであり、文化はブランドを支える基盤である。

これを見事に体現しているのがＵＳＡＡだ。テキサス州サンアントニオを本拠地とする金融業界の巨人であり、契約者数は１１００万人を超える。従業員は約２万８０００人、年間収益は２００億ドル超、利益は27億ドルに及ぶ。１９２２年にお互いの自動車保証に同意した陸軍士官たちによって創設された（保険業界では、軍人はリスクが高いとみなされていた）。

現在ではクレジットカードの発行、住宅ローン、自動車や住宅保険で国内有数の業績をあげ、店舗に行かずに利用できる銀行サービスとしても知られている。支店を持たず、顧客とは電話やインターネットで対応するだけだが、ＵＳＡＡの預金高は約６００億ドルに達している。

戦略面で秀逸なのは、現在もアメリカ軍関係者とその家族のみを対象としている点だ。巨大な市場であるだけではなく、特別なニーズを持っているからだ。「ＵＳＡＡは誰もがマークする金融サービス業のリーディングカンパニーでしょう」とＣＥＯ自ら『ニューヨーク・

タイムズ』紙に語っている。

USAAは、アクセスの容易さ、応対の速さ、現場の問題対応スキルなどで知られ、JDパワーやフォレスター・リサーチなどの名だたる調査で上位にランクインしている。テムキングループが毎年発表する「寛容度評価」は、顧客が失敗を許すかどうかで企業を評価するもので、ロイヤルティや信頼を測る強力なツールだ。USAAはクレジットカード、銀行サービス、保険製品の3項目でアップルやレクサスのような魅力的な企業をしのぎ、金融サービスで出遅れたシティバンクやウェルズ・ファーゴを1項目でしのいだ。複数の製品ラインでUSAAに迫る企業はいなかった。

USAAが市場でこれほどの存在感を示す理由は、従業員の間に一体感と強い信念があるためだと私は考えている。USAAには優れた研修プログラムがある。最前線の従業員のためのもので、ローンや保険証券の契約の詳細、オンラインや電話での顧客対応など多岐に及ぶ。だが、真の学びは、共感と思いやりの精神にある。アフガニスタンの戦場から両親に送金する兵士、メイン州で新車の保証を必要とするミュンヘン駐在兵の配偶者。顧客の立場で考え、満足してもらうためにできる限りのことをするのが従業員の役割だ。

『ブルームバーグ・ビジネスウィーク』誌に「顧客サービスチャンピオン」という記事を掲載したある研究者は、「USAAより顧客を理解している企業はない」と述べている。「USAAは、世界の戦場に送られる顧客、独自の経済的課題を抱える顧客に対して、それぞれの立場に沿ったサービスを提供している[2]」。

顧客の事情を知るための、徹底した体験

USAAの従業員がそこまでできるのはなぜか。

彼らは兵士らが1年以上戦地で過ごす試練を理解するために海外派遣を経験し、戦場での生活を実感するために戦闘糧食を食べる。軍用リュックを背負い、防弾チョッキをまとい、兵士が毎日背負う重荷を理解しようとする。兵士の前で家族から預かった手紙を読み、家族の前で兵士からの手紙を読む。新兵訓練に志願して参加する者も多い。鬼軍曹から大声で命令を受け、腕立て伏せをして、これが軍隊なのだと思い知る。社歴10年の女性従業員は、訓練をようやく終えると、サンアントニオのテレビ局のインタビューに「死ぬかと思いました」と答えた。

同社は従業員から経営幹部に至るまで、サービスを提供する軍関係者が直面する複雑な生活や精神的ニーズを体験させる。こうして得られる理解があってこそ、伝説的なサービスをめぐる様々なストーリーが生まれるのだ。従業員の間にも固い絆が育まれ、それぞれが能力を発揮している。

USAAは、多くの面で保守的で厳格な文化を持つ。CEOは常に退役軍人であり、従業員の4分の1は退役軍人か軍人の配偶者だ。そのために秩序やプロセス、指揮命令系統が自ずと重んじられる。

その一方で、顧客サービスや世界初のイノベーションに非常に敏感で（iPhoneでの小切

手の預金、携帯電話のテキストメッセージによる送金など）、独創的で機敏で開放的な組織でもある。兵士や退役軍人、その家族に頼られていれば、政治や官僚主義の入る余地はないし、後悔している暇もない。

従業員に共通するサービス精神、複数の任務を掛け持ちする意欲は、創業当初からのものだ。保険業界の黎明期から無視されてきた軍人の生命線として出発したのだから、当然だろう。どの企業も同じように感動的な歴史を持つわけではないが、ＵＳＡＡが顧客や同僚に示す配慮や関わり、創造性を重視するならば、同じような結びつきや思いやりを従業員に持たせることができるはずだ。

絶大な影響力を持つシリコンバレーのベンチャーキャピタリスト、ベン・ホロウィッツは、このリーダーシップの課題を「文化をプログラミングする」と呼ぶ。彼は文化について幅広く考え、語り、記しているが、無料の食事やペット同伴ＯＫといったうわべだけに着目しているわけではない。文化とは、競合と差別化し、実現のカギを握るオペレーションを持続させ、使命を果たそうとする従業員を見出し、昇進させ、確保するという3つの重要な目的を達成するための「働き方の設計」をめぐるものだと主張する。

リーダーにとって、文化をめぐる課題は、「従業員の日々の行動を変えられるほどの刺激を与えること」である。つまり、自社の競争力を高めたいなら、従業員の行動を促し、高めればよい。[3]

善意はプロセスとなった瞬間、陳腐化する

メルセデス・ベンツUSAの例も示唆深い。ベンツほど尊敬され、称えられ、魅力のあるブランドはないだろう。セダンやオープンカー、SUVは何十年もの間、贅沢な車の代名詞となっている。だが、2012年1月、メルセデス・ベンツUSAのCEOに就任したスティーブ・キャノンは、車がどれほどスムーズに運転できるか、どれほど優雅に設計されているかだけでは突出した成功は得られないと気づいた。大切なのは、ブランドとサービスを提供する従業員がどれほど思慮深く親切に振る舞うかである。

「顧客にとっては、ブランドとの一期一会が、車そのものに引けをとらないぐらい特別なものでなくてはならない」とキャノンは宣言した。顧客にとってブランドとの出会いは、ディーラーでの従業員との出会いにほぼ等しい。受付、営業担当、部品の修理工全員が、顧客が忘れられないような行動をとれるかどうかだ（5章で紹介したキャデラックのディーラーを思い出してほしい）。

これは大きな気づきであり、大きな変化だった。ベンツは従来から最先端のイノベーション、世界的業績、一流であり続けるための揺るぎない努力を追求してきた。「最善か無か（Das Beste oder nichts）」とは、ドイツの技術者で自動車開発の先駆け、ゴットリープ・ダイムラー

の言葉だ。「最高でなければ意味がない」との考えである。

ただし、この言葉が適用されたのは、自動車の設計から組立に至るプロセスに対してである。生身の人間である顧客への対応は、一筋縄ではいかない。国内約370か所のディーラーショップにいる2万3000人余りの従業員の行動を変えるには、まずは考え方から見直す必要があるとキャノンは理解していた。

とはいえ、教科書で示すことはできないし、決まった手順を教え込むわけにもいかない。結びつきや関わり、思いやりの文化をエンジニアに浸透させる体系的な方法はない。そこで、出会ったすべての人を「喜ばせる」草の根運動に、ディーラーや最前線のスタッフを参加させた。ベンツはUSAAと同じように、一つの会社以上のもの、顧客との関わりそのものにならなければならない。

「セールスやサービスを担うスタッフに特別な行動を促すためには、科学的なプロセスもアルゴリズムも必要ありません」とキャノンは答えてくれた。「そこに至る唯一の道は、彼らを教育し、意欲を高め、行動へと駆り立てることです。行動する機会がみつかれば、その機会を活かすよう促します」。実際に、どうやって促すのか。

「エコシステムを作るのです。顧客が期待しておらず、本来やらなくてもいいけれど、やればその行動が大きな意味を持ち、顧客の心に残る——そういう機会に気づかせる。指示に従っていればできるものではありません。やってみるしかないのです」。

顧客と関わるための教科書的な取り組みは、結局のところ、意味のない条件反射的な行動を生み出すだけだと、キャノンはため息をつく。「そうそう、ペットボトル！」と急に思い出したかのように語り出した。

「ショールームに来られたお客様にペットボトル入りの水を渡していた時期がありました。ところが、最初は思いやりのある行為に見えたものが、やがてはプロセスの一部になり、あちこちで渡されるようになったのです。お客様にしてみれば、また水か、というわけです。何らかの行動をプロセスに組み込むと、やがてそれは意味を失い、失敗の証になります」。

一方、顧客が何年経っても感謝してくれるような、思いやりのある即興的な行動もある。同社のあるディーラーは、契約をまとめ、書類の作成を終えようとしていたときに、その日が顧客の誕生日だと気づいた。そこでケーキを注文し、顧客が車を受け取りに来たときにお祝いの言葉を伝えた。「お客様は驚いていました。本当に嬉しそうでした」。

息子の卒業式に向かう途中でタイヤがパンクし、慌ててベンツのディーラーショップにやって来た女性がいた。あいにく同じ車種のタイヤのストックはない。サービスマネジャーはあきらめなかった。ショールームに走り、新車をジャッキで持ち上げてタイヤを1つ外すと、彼女の車のタイヤと交換した。おかげで彼女は、息子の卒業式に間に合った。

「こういった話には事欠きません。従業員は臨機応変に適切な行動をとっています。常に何かしたいと考えているからです」。同社はこの種のストーリーを積極的に集め、ビデオに収め、従業員に見せている。そうすれば、最前線で働く従業員が、何が大事かを目で見て理解できるからだ。キャノンの言葉を借りれば、メルセデス・ベンツＵＳＡが作り出そうとしている

「未来のスナップショット」を示すことができる。

「うれしいことに、その未来はすでに存在しています。私たちは不可能なものを追いかけているわけではありません。ストーリーのどれもが顧客を生身の人間として大切にしています。顧客は満足度調査の背後にいるわけではなく、生身の人間なのです。私たちがすべきことは、顧客の生活を少しでも良くすることです」。

本書のプロローグに登場したリオール・アルーシーは、同社の草の根運動に関わってきた。彼はキャノンの姿勢や数々のストーリーを普遍的な視点でとらえる。

「いいですか。従業員は、他の企業の顧客なのです。顧客の立場になったとき、どんな風に扱われたいかを承知している。その直感を封じ込めず、意欲や感情を活かせれば、彼らが実に思いやり深く、創造性に富むことに驚かされるでしょう。どんな風に行動すべきかを事細かに決めておく必要はありません。行動する許可さえ与えておけばいいのです」。

「順応性に富む組織」を研究するマーク・ホワイトは、組織運営にローマ法的原理を用いる企業と、慣習法的原理を用いる企業の違いを示す。**たいていの企業はローマ法を用いており、法で許可されていないことはすべて禁止される**。それゆえに、公式方針や官僚的手順、既存の規則や慣行に依存する。一方、**慣習法を用いる企業では、法律で禁止されていないことはすべて許可される**。つまり、速やかな行動、機敏な対応、優れた判断、良識に頼るのだ。

言うまでもないが、成長、イノベーション、時代に適応する能力に関しては、慣習法を用いる企業がローマ法企業に勝る。それは、伝統ある大企業であろうと変わらない。「ローマは一日にしてならず」と言われるが、ローマ法を用いる企業が栄える時代は長続きしない。

メルセデス・ベンツ「DaSH」プログラム

メルセデス・ベンツUSAに入って15年になるハリー・ハイネカンプは、キャノンがCEOに就任した数か月後に、初代顧客体験担当ゼネラルマネジャーに任命された。末端の従業員にまで思いやり精神が浸透した組織、多くの顧客との良好な結びつきを実現する組織を作るにはどうすればいいかを考えている。

キャノンが考えるように、最前線の従業員が「顧客を人間として扱う」ことは、そのためのプロセスの一部だ。だが、それだけではない。従業員の一体感を高め、ブランドに対する誇りを持たせることも大事だ。ハイネカンプによれば、自社や同僚との間に特別な結びつきがあると感じているとき、従業員は顧客に対して特別な行動を取るという。

メルセデス・ベンツの「DaSH（Drive a Star Home）」プログラム（トレードマークである「三ツ星への推進力」という意味）の背景には、こういった考え方があった。ところが、ハイネカンプのチームが国内を回り、様々な従業員に接してみると、意外なことに、「ブランドへの誇りは我々が考えていたほど強いものではなく、仕事に対する取り組みも、我々が考えていたほど安定したものではなかった」と振り返る。

しかも、最前線で働く従業員の約70％は、ディーラーショップの外でベンツを運転したことがなかった。修理や部品の発注、ショップへの展示はしても、一般道には出たことがないのだ。セダンやロードスターをワクワクしながら運転した経験もなしに、ブランドに心から誇りを持てるだろうか。車にまつわるエピソードや運転のちょっとしたヒントを伝えたり、購入を決めた顧客を心から祝福したりできるのだろうか。ハイネカンプは疑問を持った。

そこでDaSHプログラムでは、全従業員2万3000人に48時間、新車を乗り回す機会を与えた。多額の資金を投じ、およそ800台の新車が用意された。参加者は運転するモデルについて簡単なレクチャーを受け、試乗後に感想や乗り心地、実際に乗って初めて気づいたこと、学んだことを報告した。

この経験から従業員が得たものは、車の特徴や機能、部品についての知識ではなく、喜びや一体感、情熱、誇りだった。彼らは、90歳の誕生日を迎えた祖母のために、16歳になった娘と友人のために、生まれたばかりの赤ん坊を病院から連れ帰るために、人生の重要なイベントに合わせてDaSHプログラムに参加した。写真や動画を撮影し、48時間の体験をラップで表現した者もいた。

「反応は予想を超えていました」と、ハイネカンプは語る。社内向けのウェブサイトでは、参加者の体験が共有された。

「たしかに彼らは、当社の車に詳しくなりました。『このカーナビが素晴らしいんですよ』『モバイル接続システムはこうなっています』といった具合です。新しく得た知識やスキルを顧客に提供できるようになったのですから、会社にとってもメリットは大きかった。しかし最大の成果は、従業員が誇りを持つようになったことです[4]」。

ＤａＳＨプログラムは一度限りだったが、参加した何千人もの心に強い印象を残した。以来、メルセデス・ベンツＵＳＡは最前線の従業員とブランドとの一体感をさらに深め、おのずと顧客の立場で行動できる条件づくりを進めている。最近では、アラバマ州バーミンガム近郊の製造複合施設に「ブランド・イマージョン・センター」が建設された。ダイムラーの「最善か無か」という言葉に応えるものだ。

併設された工場は、２ドアＣクラスクーペ、ＧＬクラスＳＵＶなど5種類のモデルの製造能力を持ち、年間30万台（２０１３年には18万５０００台だった）を生産している。ブランド・イマージョン・センターは、美術館であると同時に教室であり、実体験の場でもある。ビジターは同社の歴史やデザイン手法、実際の作業などを学べる。

ビジターには、ＤａＳＨプログラムに参加した何千人もの営業担当、部門長、洗車係、サービス技師、部品管理者などが含まれ、２泊３日で工場をめぐり、技術を解明し、実際に車を運転する。高速道路も走る。何千人もの参加者は、「ブランドや当社の遺産や製品を、工場や路上で体験するでしょう」とハイネカンプは語る。

「彼らは世界一流の製造施設を目の当たりにします。これは売上げを増やすためではなく、誰もが顧客を大切にする〝メルセデス・ベンツ大使〟になるためです。ＤａＳＨプログラムはささやかな一歩でした。ブランド・イマージョン・センターはそれをさらに強化したものです」。

キャノンはこれらのプログラムを通じて、従業員の間に思いやりを示すささやかな行動が促されることを期待した。はたして、2014年のJDパワー「顧客満足度調査」では、高級自動車ブランド1位を獲得。24年間で初めてのことだ。ドイツのライバルに対抗した大きな進歩だった。2015年には、国内の高級自動車ブランド売上げでBMWと肩を並べた。

「当社の自動車製造技術の水準を知れば、それに見合った顧客体験を生み出す義務があることを理解できます。あらゆる行動が、顧客に提供するメッセージや水準を強化するものでなくてはなりません。顧客体験に対する要求水準を高くした瞬間、すべてに影響が及びます」。

リオール・アルーシーが強調するように、最初に登場したときには素晴らしいものに見えた製品やサービスが、すぐに日常生活の一部になってしまう現代社会では、この認識はきわめて重要だ。

「人間はこの世界で最もとらえどころのない存在だ。だが、唯一人間だけが、顧客の期待を超えるものを提供できる。最新モデルの携帯電話を顧客が買ってくれたとしよう。それはすぐに、たいしたものではなくなる。所詮、電話機なのだ。おしゃれな店を開店したとしよう。初めて足を踏み入れた顧客は感動するが、何度か訪れるうちに当たり前になる。所詮、店にすぎないのだ。

ワクワクするもの、魅力的なものを作りたいなら、常に進化し続けたいなら、顧客に提供できる唯一のものは、心しかない。リーダーは自問しなくてはならない。我々は製品を感動させたいのか、それとも人間を感動させたいのか、と」。

Ⅳ

THE ALLIES YOU ENLIST MATTER MORE THAN THE POWER YOU EXERT

味方の存在は、権力に勝る

画期的な進歩を遂げる企業のリーダーは、
貪欲であると同時に謙虚であり、
ごく普通の従業員に驚くほどの貢献をさせる。

7章

「セレンディピティ」を求めて

便利さより、衝突を重視する

セレブであることや、富や地位を露骨に自慢したとしても、トニー・シェイなら許されるだろう。株式交換によってアマゾンに10億ドル近くで買収されたものの、ラスベガスに本社を置き、靴や洋服のオンライン販売で知られるザッポスをその後も率いている。彼がデジタル時代の勝者となったのは二度目だ。1999年には、インターネット広告企業のリンクエクスチェンジを、マイクロソフトに2億6500万ドルで売却した。

ツイッターのフォロワーは約300万人、無数の顧客を満足させ（ザッポスは一週間に何十万件もの注文を処理する）、銀行には何十万ドルもの預金を持つシェイが、デジタルブランディング、顧客サービス、マネジメントの領域を、リスクを恐れずに揺さぶる有能な人物であることは間違いない。従来のヒエラルキーを廃し、権限を組織全体に分散させる「ホラクラシー」という手法を用いることでも知られている。

ある火曜日の午後のこと。シェイは23階にある自分の部屋で、壁に貼られた200枚ほどの付箋について説明していた。付箋に記されていたのは、この部屋を訪れたことのある同僚や友人、ビジネスパートナー、私のような好奇心に駆られた来訪者など大勢の希望や夢、提案だ。壁を一瞥すれば、シェイの並外れた野心が垣間見える。

「ダウンタウン・プロジェクト」は約3億5000万ドルをかけた都市開発計画で、長く忘れ去られていたラスベガス近辺の砂だらけの地域に未来を築くものだ。企業や幹部、コミュニティ全体が、トップダウンのリーダーシップと、ボトムアップの創造性の関係を再考する目的もあっただろう。

このプロジェクトは高リスク高収益のベンチャーだ。ウォルト・モスバーグとカラ・スウィッシャーが創設したウェブサイト「レコード」は懐疑的で、「アメリカに21世紀のユートピア都市を建設するという不敵な試み」と述べている。一方、『ワイアード』誌は肯定的で、プロジェクトの細部に目を向け、その牽引力となった精神を、「〝バーニング・マン〟（野外フェスティバルでクライマックスとして巨大な人形を燃やす行事）の理想主義的・芸術的共同体主義と、21世紀のデジタル起業家が示す意欲に満ちたワーカホリックを結びつけたエートス」[1]と表現した。

ダウンタウン・プロジェクトは、シンプルであると同時に複雑でもある。2012年、ザッポスは従業員数の急増に伴い、ラスベガス・バレーの南東端にあるヘンダーソンに本社を移そうと考えた。その参考にしようとナイキやグーグル、アップルなど急成長企業の本社を訪ねたところ、感銘を受ける一方で戸惑いを感じた。有能なスタッフが刺激的なアイデアを交わし創造性を発揮していたが、アイデアや人材の宝庫であるはずの外の世界とは隔絶されていたからだ。

敷地内は「従業員にとっては素晴らしい」が、「一種の聖域であり、周囲のコミュニティと融合していないし、貢献もしていない」。シェイはそう結論づけた。

アーティストやオタク、起業家、想像を絶するエネルギーや創造性でザッポスに影響を与える人々に囲まれた本社を作れないだろうか。シェイの言葉を借りれば、「どこからが始まりで、どこが終わりかもわからない」キャンパス、ニューヨークのグリニッジ・ビレッジの中心にあるニューヨーク大学のような創造を促す場になるだろう。

「コミュニティの一部となり、世界で最もコミュニティを大切にする企業」を築くため、施錠されたドアや厳密なセキュリティを取り払い、周囲との行き来を容易にしようとシェイは考えた。仲間としてザッポスの成功に貢献するためには、必ずしもザッポスに所属する必要はないはずだ。

なんと衝撃的な考え方だろう。企業秘密や特許技術の流出よりも、意欲やバイタリティの損失を懸念して戦略や創造性を考えている。そのための特別チーム「ビジネス・イノベーション・ファクトリー」を創設したソウル・カプランによれば、**戦略策定のプロセスは3穴バインダーを5年計画で埋めるだけでは不十分**だという。

それは「**要注意人物のランダムなぶつかり合い」によって可能になる**ものであり、多種多様な人々が未来について予想外の知見を生み出し、相互作用が働くような条件を作り出す必要がある。「人が出会い、アイデアを共有するとき、最高のことが起こる」とシェイは主張する。そのための最善の手段は、リーダーがセレンディピティ（予想外の価値ある偶然）を受け入れることだ。

雑然、騒々しさ、密集が生む活力

ダウンタウン・プロジェクトはザッポスから切り離されていたが、シェイが描く同社の未来に欠かせない。このプロジェクトを取り巻く色彩、エネルギー、薄いベール越しの無秩序をなんと表現すべきだろう。

シェイの目標は、フレモント・イースト近辺に何千人もの新しい住人を引き寄せ、何百もの新しい企業を誘致することだ。使われなくなる寸前の古びたラスベガス・シティホールが複合施設に全面改装され、2013年9月にはザッポスの新しい本拠地が完成した。ドラマチックな演出が得意なシェイらしく、グランド・オープニングでは1500人が1マイル（約1・85キロ）のリボンを持つという、世界最長のテープカットが行われた。

新しい本拠地が始動する前から、シェイは周辺の都市景観を活気づける地道なキャンペーンに取り組んだ。ホテルやアパート、レストラン、バーなどが立ち並ぶ約60エーカー（24万平方メートル）の区画を2億ドルで手に入れた。ハイテクのスタートアップに資金を提供するために5000万ドル、地元の起業家や近隣のレストランなどのために5000万ドル、さらに文化や芸術のために5000万ドルを用意した。

輸送コンテナを改造して作られたダウンタウン・コンテナパークには、若い家族を魅了する空間がレゴのブロックのように組み立てられた。金属製の波形のコンテナには、以前は中国製の電子機器や日本製の自動車が入っていたが、現在はアートギャラリー、ベーカリー、ブティック、レストランなどが並び、タコスやバーベキュー、しゃれた食事を提供している。屋外のアトラクションも用意された。

ラスベガスの中心部では、人々が集まり過ごせるよう社会インフラが整備され、様々なイベントや地域の催しが行われる。「テック・ウィーク」にはアプリの開発者やオタクが自慢のテクノロジーを、「ファッション・ウィーク」にはデザイナーが洋服や家具、ウェブページのアイデアを披露し、スティッチファクトリーと呼ばれる共有空間でともに作業することも多い。

フレモント・イーストに移転できないベンチャーキャピタルや起業家、テクノロジーオタクは、ダウンタウン・プロジェクトの「会員」となって、この地域で1週間から1か月を過ごし、地域のスタートアップのメンターや助言者として活動できる。

シェイは、フレモント通りとラスベガスブルバードの一角を買い取ると、「インスパイア・シアター」をオープンした。アーティストや企業のリーダー、著名人などが招かれ、講演会やセミナーが開かれている。「ラーニング・ビレッジ」の方は華やかさでは劣るが、コミュニティグループや社会起業家のための教育研修が主催されている。

毎年恒例の「ライフ・イズ・ビューティフル」フェスティバルは、ラスベガスらしい派手なイベントだ。中心部の11地区が参加し、催しは3日間続く。参加者は10万人を超え、スティービー・ワンダーやデュラン・デュランなどが出演する。

シェイは一連の試みを「スタートアップとしての都市」と呼び、「ウォルト・ディズニーがシリコンバレーを率いて、誰もが映画『チアーズ！』のセットで暮らしているようなもの」だと言う。だが実際には、ディズニーのファンタジーではなく、ハーバード大学教授エドワード・グレイザーの緻密な分析に基づいている。

グレイザーは著書『都市は人類最高の発明である』の中で、シェイがラスベガスで試みた社会構造の現実的利点を称える。企業が林立する都市生活なるものは、批評家を嘆かせる一方、都市を「人類最高の発明」にしている。都市生活は整然としたものではなく、雑然と、騒々しく、コストもかかる。だからこそ、都市は活気にあふれ、繁栄し、独創的なのだ。

「ルソーは『都市は人類の掃き溜めだ』と記した。しかし、それはまったく違う。都市は人間がその輝きを最大にするための協調を可能にする。人間は他の人間から多くを学ぶものであり、周囲に人間がいるときにいっそう多くを学ぶからだ。都市の密集性は他者の成功や失敗からもたらされる新たな情報の一定のフローを生み出す。大都市では、互いの関心を共有できる相手をみつけることができる。19世紀のパリではモネとセザンヌが、20世紀のシカゴではダン・エイクロイドとジョン・ベルーシが出会った。見る、聞く、学ぶ。都市ではこれが簡単にできる[2]」。

シェイは、グレイザーの経済的・社会的観点からの議論に、ビジネスならではのひねりを加えた。ザッポスの本拠地周辺に多くの仲間を集めようとした理由は、次の言葉からも明らかだ。

「我々は便利さよりも衝突を重視する。世界の資本として、ともに働き、ともに学ぶことを目指すのです。TEDやサウス・バイ・サウスウエストを、イベントではなくライフスタイルと考えてみましょう。我々はROIやROCではなく、もっと長期的な結びつきや運の利益率、ROL（Return On Luck）を重視する方向へとシフトしています[3]」。

シェイは、衝突の持つ力を本気で信じている。ラスベガスの本拠地に1万人の住人を引き寄せられるなら、「1年に1エーカー（約4000平方メートル）当たり10万回の衝突可能時間」を有するエコシステムを形成できる。何より彼自身、どれほど衝突しているかを数えるのが大好きだ。

ザッポスの仕事でラスベガスを離れる以外の時間は年間40週、週7日、1日3～4時間ある。その間、フレモント・イーストに出入りすれば、「1年で1000時間の衝突可能時間」が生まれる。これらすべてが、見知らぬ人と出会い、支援する価値のあるプレゼンに耳を傾け、ファッションやソフトウェア、ウェブデザインのトレンドについて学び、「セレンディピティをもたらす出会いの機会」を手に入れるための時間である。

実験し続ける過程にこそ、学びがある

こうして実現する衝突や出会いは、わずか数年でたくさんの新ビジネスをもたらす。あるときシェイは、フレモント・イーストにある行きつけのコーヒー店「ザ・ビート」で、ナタリー・ヤングという野心的なレストラン経営者に出会った。故郷コロラド州でアルコール中毒と闘い、ラスベガスに移り住み、大きなカジノでシェフとして働いていたが、失望を感じ、故郷に戻ろうかと迷っていた。

ラスベガスの何に未練があるのかとシェイは尋ねた。すると彼女は、地元の人たちに朝食と昼食を提供する庶民的なレストランを開きたいと言う。ナタリーは「ダウンタウン・プロジェクト」の中小企業向けファンドを得て、「イート」という店を開いた。この店は地域で一番賑わう、「衝突」の多いレストランとなり、今やコミュニティの中心となっている。

「イート」の成功とナタリーの再起を知ったアメリカンエキスプレスは、2015年のアカデミー賞授賞式のテレビ中継で流れるCM「どん底からレストラン経営者へ」で彼女を取りあげた。「月に一度は写真を撮っておかなくてはなりません。この界隈は急激に変化しています。本当にものすごい変化なのです」と語る。同年、ナタリーはラスベガスの中心部に2軒目のレストラン「チョウ」をオープンした。夕食時や深夜にやって来る客のために、フラ

イドチキンから中華まで取りそろえている。

ファッション業界で起業し成功を収める30代のジェイク・ブロンスタインも、ラスベガス中心部で多くの衝突を経験している。ただし、シェイやナタリーと違って、ここに住んでいるわけではない。

ブロンスタインは1997年、18歳のとき、MTVのリアリティ番組「ロード・ルールズ」に参加した。その後、男性向けファッション誌『FHM』の編集者を経て、男性用下着ブランド「フリント&ティンダー」を立ち上げる。同社の名を広めるきっかけになったのは、キックスターターキャンペーンだ。下着開発用に3万ドルの投資を募集したところ、30万ドルも集まった。フード付きパーカーには100万ドル以上を集めている。

ブロンスタインの名声とビジネスセンスは、すぐにシェイの目に留まった。フリント&ティンダーへの投資が決まり、住まいもラスベガスに移すよう提案されたが、東海岸の工場や供給業者との関係もあり、そう簡単にはいかなかった。そこでシェイは、ダウンタウン・プロジェクトの会員になるよう助言した。

ブロンスタインは、ファッション・ウィークにあたる毎月第3週目をフレモント・イーストで過ごす。仕事をこなし、キックスターターのセミナーで技術や衣類のトレンドを教え、製造戦略やサプライチェーンについて助言を求める起業家の相談に乗り、スティッチファクトリーを歩き回ってコミュニティと関わる。こうして1年に12週、1日12時間をこの場所で使えれば、「年間衝突可能時間」は1000時間を超えることになる。シェイと同じだ。「たとえここで暮らしていなくても、実際にはコミュニティの一部だ」とシェイは語る。

言うまでもないが、フレモント・イーストでの衝突すべてが、好ましい結果をもたらすわけではない。有望なスタートアップでも、ラスベガスで燃え尽きた例もある。ダウンタウン・プロジェクトで最も期待されていた「ロモティブ」は、iPhoneで充電できるミニロボットを作るテクノロジー企業だった。しかし、成長を続けるための人材を確保できず、サンフランシスコのベイエリアに出て行った（社名を「ストーク」と変え、新世代の無人機を開発するために、名だたる支援者たちから資金提供を受けた）。

また、eコマース企業「エコマム」の創業者ジョディ・シャーマンは、サンタモニカからフレモント・イーストに移ったが、1200万ドルを集めながらも突然資金不足に陥り、自ら命を絶ってしまった。「我々は常に一か八かの崖っぷちにいる。起業家が向き合うプレッシャーや自殺について、オープンな対話が始められることを願う[4]」。シャーマンの死後、同僚のCEOはブログに記した。

5年先、10年先、ダウンタウン・プロジェクトはどうなっているのだろう。フレモント・イーストの芸術的で起業家精神あふれる雰囲気が、どれほどザッポスに影響を及ぼすのか（あるいはザッポスから影響を及ぼされるのか）。トニー・シェイにもわからないのかもしれない。本書で紹介した中では、このプロジェクトが最も賛否両論あり、実験的だった。

私の取材後、シェイは23階の部屋から引っ越していた。新居はエアストリームトレーラーで、キャンピングカーや移動式木造住宅が集まる「エアストリーム生活実験」という空間にある。ピカピカのスチール製器具やブルートゥースの音響システム、テレビも2台あるとはいえ、快適さでは劣る。それでも他の住人との一体感は強い。シェイは『ラスベガス・ウィークリー』紙のインタビューに答えた。「新しいアイデアを常に実験しています。マスタープランなど存在しないのです[5]」。

だからこそ、たとえ異論があろうとも、この試み自体に価値がある。重要な実験がどれもそうであるように、ダウンタウン・プロジェクトから最終的に得られる成果はさておき、プロジェクトが進展（あるいは後退）する過程で得られる学びは大きいだろう。この点で、シェイの取り組みはまさしく重要である。「大事なのは、多様な集団を比較的狭い空間に集めることです。彼らが協調しようとするかどうかを見るのです」。様々な集団が純粋に結びつこうとすれば、「魔法が特別な結果をもたらすでしょう」。

「今、ここ」を重視する

これまで紹介した事例から学べる教訓は、並外れた業績は並外れた洞察力によってもたらされるというものだ。目覚ましい結果を得るには、きわめて独創的なアイデアが欠かせない。いくつかの企業では、誰が独創的なアイデアを思いついたか、誰が経営に転換する責任を負うのかが明白だった。顧客サービスに対するバーノン・ヒル（1章）の姿勢はメトロバンクの牽引力であり、彼の細部へのこだわりは、同社が成長しても損なわれてはいない。同じように、ロバート・ウェネット（3章）がタネを蒔かなかったなら、リンカーン通り1111は独創的で魅力的なものにはならなかっただろう。

だが、大局的な視点で鋭い視線を注ぐリーダーシップは、普遍的といえるだろうか。いつの世にも、ヘンリー・フォードやスティーブ・ジョブズ、イーロン・マスクといった傑出したCEOは存在する。だが、たいていの企業は込み入った問題を抱え、解決の機会はあまりにも漠然としている。そんな中で影響力を持つリーダーとは、命令を通して力を振るうのではなく、どうやって味方を探し出すかをわかっている者だろう。**アイデアを基盤としたビジネスや社会運動においては、アイデアを生み出し評価するための責任を誰もが負わなくてはならない。**

ロザンヌ・ハガティ（3章）は、トップダウンで大規模な予算を投下する代わりに、各地の草の根の活動家のエネルギーや知恵に頼ることで、ホームレス問題の解決手段を見出した。「私たちの仕事は、物事を違った風にやろうとする〝ポジティブな逸脱者〟をみつけることであり、彼らから何を学べるかを問うことなのです」と彼女は言う。リーサ・ヨロネン（1章）はSOLクリーニングサービスで、最前線の意思決定に基づくサービスを発展させた。同社では従業員が「うんざりするようなルーティンから脱却」するために、「手だけではなく頭を使う」。

ハーバード・ビジネススクールのリンダ・ヒル教授は、「チャンスのギャップ」と「パフォーマンスのギャップ」を区別し、企業が独創的な成果をあげるためのリーダーの役割について研究している。そして、仕事に対する定義やリーダーシップについての考え方を改めるよう助言する。

「世の中では、独創的なひらめきが舞い降りる有能なイノベーターや一匹狼の天才がいると信じられています。権限を持つ者は、ビッグアイデアを思いつくことが自分たちの仕事だと教わってきました」。ところが現実には、「持続的なイノベーションは、誰もが〝ほんのひとかけらの非凡な才能〟を発揮する機会を得たときにもたらされるのです」。小さなピースが集まって、やがて大きな、独創的なパズルが完成するのだ。

「ごく普通の人たちが抜きん出た貢献をするとき、ブレークスルーが訪れます。真に独創的な何かを部下に生み出してもらいたいなら、行く手に何があるのかはわかりません。従来型のリーダーシップモデルはもはや有効ではないのです」。

『ハーバード流逆転のリーダーシップ』（共著）の中で、ヒルはこう記している。「イノベーションを生み出すリーダーは、革新的問題解決に取り組むことのできる場所――コンテクストや環境――を作り出す」。そして、あるＣＥＯが自らの役割について述べた言葉を紹介した。「私の仕事は舞台の上で演じることではなく、舞台を準備することだ[6]」。

金鉱会社ゴールドコープ、イチかバチかの挑戦

新しいタイプのリーダーシップが登場していると実感したのは、10年以上前の第１次インターネットブームの頃、カナダで金鉱会社ゴールドコープを経営するロブ・マキューインに

出会ったときだ。当時、私は『ファストカンパニー』誌の編集者で、ゴールドコープはトロント本社から約2000キロ離れたオンタリオ州レッド湖周辺の土地を買収していた。そこには、生産性の低さと労使対立の激しさで悪名高い鉱山があった。

地質学者によれば、この鉱山には、同社がこれまでに発見したよりもはるかに質のいい金鉱床があるという。だが、埋蔵量は明らかではない。2万2000ヘクタールもの鉱山で本格的な採掘を行うには、多額の費用がかかる。ゴールドコープにとってはイチかバチかの賭けだった。マキューーインは、当時としてはもちろんのこと、現在でさえも先進的に見える画期的戦略を打ち立てた。

通常はこのような場合、専門家を増員してデータを高速処理し、デジタルマップと土壌サンプルを手にコマンドセンターが判断を下す。しかしマキューーインは、どこを掘るべきかについて広く世界に助言を求めた。誰もがアクセスできるオープンソースのソフトウェアからヒントを得て、所有鉱山の50年分の地質データをサイトに掲載しただけでなく、データの分析に使えるソフトウェアも公開した。

総額50万ドルの賞金を用意し、最高の提案を選ぶために第一級の審査員を集めた。賞金だけではない。最も独創的な計画を提出した地質学者やエンジニアを大規模な会議に招待し、その才能を披露する場を与えた。つまり、無名の天才を、金鉱業界のちょっとした有名人に変えたのだ。マキューーインは、彼らを経済的にも成功させたいと願っていた。彼らもまた、マキューーインとゴールドコープの成功に力を貸したいと願った。

この取り組みは「ゴールドコープ・チャレンジ」と名づけられ、採掘業界に旋風を巻き起こす。50か国から1400人以上の「オンライン試掘者」がデータをダウンロードし、140件あまりの詳細な採掘計画が提出された。それらの知見は同社のチームが作成していた計画をしのぐものであり、鉱山事業の加速化と改革が促された。

こうしてレッド湖鉱山は世界有数の採掘量を誇る金鉱となり、660万オンスを超える低コストの金を生産できるようになった。かつては問題を抱えていた鉱山から桁外れの金を産出できるようになり、その後の抜け目ない買収の成果もあって、同社は世界有数の採掘会社となった。わずか12年で株価は30倍に跳ね上がった。マイクロソフトやバークシャー・ハサウェイをも凌駕する数字だ。[7]

謙虚さが、野心の実現を後押しする

ゴールドコープ・チャレンジの重要な教訓は、テクノロジーではなく「謙虚さ」の力だ。マキューインは、命運を左右するチャンスをつかみたくても、自力でアイデアを生み出すことはできなかったと謙虚に認めている。所有鉱山は、ゴールドコープのために働きたいと願う科学者やエンジニアの才能を活かしたとき、初めて価値あるものになった。前出の言葉を借りれば「彼らが立つステージを用意した」からだ。

MITスローン経営大学院の名誉教授で、組織開発やリーダーシップ分野の権威、エドガー・シャインは、優れた経営幹部の特性を長年研究してきた。彼が繰り返し強調するのは、ある種の謙虚さの重要性だ。著書『問いかける技術　確かな人間関係と優れた組織をつくる』では、「語りかけるのではなく問いかけるための穏やかな芸術」について探究し、謙虚さの三つの形を明らかにした。

第一は「目上の人や上司に対する謙虚さ」で、社会生活の基本である。

第二は「その業績によって私たちを畏怖させる存在に対する謙虚さ」で、職業生活においてはこれが基準となる。

第三は「今ここで必要な謙虚さ」。ビジネスの場ではほとんど見られないが、大きなことを成し遂げたいと願うリーダーにとっては大切だ。

「今ここで必要な謙虚さ」とはなんだろう。「あなたに依存しているときに、私がどんな風に感じるか」を示すものだとシャインは言う。

「今この時点では、私の立場はあなたより弱い。目標達成に必要な情報や知識をあなたが持っているからだ。一時的にせよ私はあなたに依存しており、謙虚にならざるを得ない。しかし、私にも選択の余地はある。誰かに頼らなくてはならない仕事に関わらないこともできるし、依存せず謙虚になることを拒み、課題や仕事をやり遂げられなくてもよしとすることもできる。残念ながら、誰かに助けを求めるくらいなら仕事を犠牲にしてもいいと考える人は、ある程度存在する[8]」。

リーダーが、成功に役立つ「今ここで必要な謙虚さ」を示さず、失敗を招いてしまうのはなぜなのだろう。シャインによれば、勝つための「駆け引き」や「人を出し抜く術」が重視される風土では、上司は「問いかけるより自ら語る方が大事だと思い込んでしまう」からだという。

「問いかけることは、無知や弱さを露呈することだ。通常は、物事を知っていることが高く評価される。誰もが習慣的に、それゆえ無意識に、知っていることを相手に語ってしまう」。

シャインは学生に、管理職への昇進は何を意味するかと尋ねたことがある。「学生たちは即答した――部下に指示を出せるようになります、と」。そこでシャインは警告する。

「この言葉の背後には、昇進後の行動は承知しているとの危険な思い込みがある。部下に近寄って『我々はどうすべきだろう』と意見を求めるなど、役割の不履行であり責任放棄に等しい。管理職やリーダーならどう動くべきかをわかっているはずだし、少なくともわかっているように見えなければならない。彼らはそう信じ込んでいる」。

シャインの新たな提案は、リーダーが何もかも知っていなくてはならないという、従来の倫理観から解放してくれるものとして歓迎されている。「勝っていないなら、それは負けているという意味だと、私たちの多くは心の奥底で考えている」とシャインは記す。経営幹部の間での「暗黙の前提」は、「人生は基本的には、常に競争を伴うというものだ。両方が勝つという協調的な考え方はリーダーのレーダー表示器には存在しない」。

だが、**謙虚さと野心は対立するものではない。未知なる世界で大きな成功を願うリーダーにとって、むしろ謙虚さは野心を実現する、最も効果的で持続可能な姿勢である。**この考え方を自身のレーダー表示器に置いてほしいと、シャインは願う。

貯め込まない、共有する

ゲイリー・ハメルは、この四半世紀で最も影響力のあるマネジメント理論家の一人である。トニー・シェイやロブ・マキューインのような経営者が示す新しい姿勢は、今後当たり前のものとなり、組織の論理そのものを作り変えると考えている。

ハメルは、物心ついた頃からフェイスブックでつながっているエンジニアや金融家たちを、「ジェネレーションF」と呼ぶ。彼らを重要な貢献者とみなし、関係を維持したいと願う企業はこれからも増えるだろう。

例外的なアイデアをもとに自社を飛躍させたいのなら、もはや「時代に合わなくなったマネジメント」には頼れない。あらゆる側面で、どこからアイデアを得るかを根本的に考え直さなくてはならない。ウェブ上の「社会的環境」に築かれる「ポスト官僚主義的現実」は、社外の潜在的な従業員やパートナーにとってその組織やリーダーがどれほど魅力的か、経営幹部が過去の遺物なのか流行に敏感なのかを浮き彫りにする。

この新しい現実において重要なのは、「オープンな足場であらゆるアイデアが競い合う」ことであり、その特徴をハメルはこう指摘する。

「アイデアは、その支持者の政治力ではなく、想定されるメリットに基づいた影響力を持つ」

「貢献には、資格証明書以上の価値がある」

「地位や肩書、卒業証書などが示す立場の違いは、どれも意味を持たない」

「リソースは興味を持たせるものであって、割り当てられるものではない」

「人間の努力は、魅力的な（しかも楽しい）アイデアやプロジェクトに向かう。そうでないものからは遠ざかる」

「リーダーは君臨するのではなく仕える」

「信頼できる主張、証明された能力、利他的な行動は、物事を成し遂げる唯一の原動力である」。

なかでも説得力があるのは、「貯め込むのではなく、共有することで力は湧き出る」という言葉だろう。「地位と影響力を手に入れるには、専門性や自己満足を手放さなくてはならない」のだ。

ハメルのウェブサイトには、次のような言葉が並ぶ。

「優れたアイデアなら、誰も無視しない」

「誰もが力を出し合うことができる」

「自身の大義は自分で選べ」

「優秀であればたいてい勝てる（凡庸であればダメだ）」

「多大な貢献をすれば認められ、称えられる」

リーダーにとっての課題は、こうした原則が反映される組織を生み出すことだとハメルは結論づけている。[9]

保守的な組織はどうすべきか

トニー・シェイの奇抜さやロブ・マキューインの常識を覆すビジョンがなくとも、非凡な才能が集まることで得られる力を受け入れ、コントロールするよりも手放すことの大事さを認識すれば、様々な歴史や文化を持つ保守的な企業においても、様々なスタイルを持つ経営幹部や創業者の間でも、リーダーシップや成功の論理を再構築できる。常識的な生活を送ってはいけないというわけではないし、ジェネレーションFの一員になる必要もない。最高のアイデアは予想もしなかった場所からやって来る。それを引き出すために最高の仕事をするリーダーこそが、最も優れた結果を生み出すリーダーなのだ。

その好例が、ミネソタ州ウィノナ（人口2万8000人）の静かな町にある「ファステナル」だ。知名度はほとんどないが、長期的に目覚ましい業績をあげ続けている。数年前、『ブルームバーグ・ビジネスウィーク』誌が、1987年10月の「ブラックマンデー」以降の25年間を追ったところ、国内最高の優良株は、アップルでもマイクロソフトでもバークシャー・ハサウェイでもなかった。ミルウォーキーから北西へ車で4時間、ミシシッピ川の河岸に本社を置くファステナルだったのだ。

これほどの高収益をあげるとは、どのような最先端分野なのだろうか。ソフトウェアか、バイオテクノロジーか。いや違う。同社は産業用部品を供給する、国内随一の巨大企業だ。

ナットやボルト、切削工具や安全装置、照明器具などの部品を、工場や建設現場に届けている。

建設現場や石油採掘現場、自動車工場で特殊なボルトや部品が必要になったとき、同社は命綱となる。製造中止の部品でも代わりに作ってくれるだろう。世界中に11の工場を持ち、留め金具から北極でのエネルギー資源の掘削・採鉱・製造に必要なものまで、あらゆる部品を作ることができる。「入手できない部品を入手します」というのが、ファステナルの決め台詞だ。

目立つ存在ではないが、顧客の必需品を作っている。大都市から僻地まで約2700店舗を持ち、大勢の従業員が働く大企業でもある。オンラインカタログには無数の多様な商品が並ぶ。各地の工場や倉庫、建設現場には、「完全にカスタマイズされ、自動化されたファステナルストア」が6万以上設置されている。切削工具、安全装置、あらゆる産業部品のハイテク自販機だ。つまり同社は、経済のいたるところに存在する流通拠点ということになる。

多数の地点で様々なチャネルを通して多様な製品を提供する「圧倒的な到達力」は、目覚ましい成果をもたらしている。『ブルームバーグ・ビジネスウィーク』によれば、同社の株価はブラックマンデーから25年で3万8565％上昇した。マイクロソフトは1万％、アップルは5542％だ。

もちろん上がり続ける株など存在せず、ここ数年はファステナルも、建設市場の世界的停滞、エネルギー部門の急激な価格暴落のあおりを受けている。それでも1987年10月に1

万ドル相当のファステナル株を購入した投資家は、2015年10月には約300万ドルを所有していたはずだ。1987年8月のIPOの時点で従業員は250人、収益は2000万ドルだったが、2015年には従業員1万8500人、収益は37億ドルにまで増えている[10]。

私はミネソタ州ウィオナを訪れ、快進撃の背後に潜む貴重な教訓を理解した。最初に話を聞いたのは幹部のリー・ヘインとゲリー・ポリプニックだ。2人が同社に加わったのは1980年代半ばのIPO以前で、わずか50人の従業員が一握りの店舗で働いていたという。2人は各地の店舗で働き、やがて経営幹部となる。ポリプニックは2016年1月、ファステナルのeコマース部門を担うFASTソリューションズの取締役副社長に就任した。ヘインは様々な役職を経験し、近年は販売担当上級副社長の地位にある。

ファステナルの成功にとって最も重要なもので、部外者には理解しにくいものは何かと尋ねてみた。「私が一番重要だと考えるのは、人です」とヘインは答えた。「事業に対する情熱を解き放つこと、期待以上のことをやれるように取り組むことです。これは考え方や姿勢の問題です。**自分が経営する会社であるかのようにビジネスに関わること**。**従業員を信頼して問題解決や決断を任せれば、奇跡が起こる**のです。それが成功の秘訣です」。

最前線の従業員に意欲や情熱を持たせることは、ファステナルにとって倉庫や流通施設と同じように大切だ。国内のみならず海外にも販路を持つ流通企業としての実力は疑うまでもない。同社は多様な製品を独自に製造し、収益率の高い特殊な製品を切望する世界各地の顧客に販売している。

同時に、大胆な分権化と自律性も重視している。２７００店舗のそれぞれが独立した企業体として活動する。店長は損益に完全に責任を持ち、成長とサービスを促す熱意の基盤である。ファステナルはまた、時代遅れにも見える文化を誇らしげに維持している。一種の逆戻りとも言えるが、従業員の多くが学生の頃からアルバイトとして働き始め、セールスやサービスの基本を身に着け、やがて正社員として採用される。

「我々は、経営者であるかのように振る舞い、次の顧客、次の事業について遅くまで考える何千人もの従業員の行動や決断に基づいて、一歩ずつ成長しています」とヘインは語る。

「私は、彼らにずっと我が社にいてほしいと願っています。同じポストに留まる必要はありません。別の部署に異動することも、新しい市場について学ばざるを得なくなることもあるでしょう。それでもここには常にチャンスが待っているのです」。

ゆっくり快進撃を遂げた、産業部品の巨大企業ファステナル

ファステナルで出会った従業員からは、野心と謙虚さの両方が備わった、穏やかだが断固とした姿勢が感じられた。シリコンバレーのがむしゃらで破壊的なエネルギーとも、ウォール街の金銭第一で自己中心的な姿勢とも異なる。

同社は「果敢さ」を四つのコアバリューの第一に掲げ、次の五つの属性が混ざり合って生まれると考えている。「積極性」（仕事に関連した目標を遂行するための一貫した姿勢）、「自信」（自分の能力に対する確信）、「意欲」（仕事に対する強い熱意）、「モチベーション」（ベストを尽くそうとする内

なる願望)、「自己への信頼」(課題や仕事に断固として向き合う姿勢)。いずれも目新しくはないが、厳しい競争を支えるものだ。

「新しく入ってくる世代が一番理解に苦労するのが、社風です」とポリプニックは語る。

「我々は従業員に対し、常識を備え、強い労働倫理を持つこと、仕事を通して学ぶこと、顧客を理解し、顧客の問題をいかに解決するか、どうすれば顧客が少しでも節約できるかを見極めてほしいと願っています。我々は〝ブルーカラーの販売会社〟です。店舗の従業員がうまくやっていれば、顧客は『この連中は私以上に私の仕事のことをわかってくれている』と感じるでしょう。学歴は関係ありません。大事なのは、学校では教わらないこと、知恵や機転、起業家精神なのです」。

ファステナルには、ビジネススキルや販売手法、サービスに対する姿勢などを教える学校がある。1999年、化学の博士号を持つピーター・ギディンガーによって設立された「ファステナル・スクール・オブ・ビジネス」で、現在では39名の講師を抱える。キャンパスは20か所にあり、10分間のeラーニングコースから1~2週間のプログラムまで、300を超えるコースがある(教材の考案やデザインも、ファステナルが手がける)。

部品販売担当者が、顧客である製造業者と密接に関わるために、溶接や金属細工を学ぶ初級コースもある。2014年には約9000人の従業員が受講し、従業員全体では約28万件のオンラインコースを修了した。顧客への接し方を記した「顧客サービスのためのブルーブック」は、幅広く読まれている。

「どうすればいいかを教えてもらいたがる人間は多いのです」とギディンガーは語る。「カリキュラムは、潜在能力に対する私たちの信頼を反映したものです。分権的な意思決定を奨励し、自律性が会社全体に行き渡るよう促します」。

ボトムアップのアプローチで築かれた機敏で柔軟な文化が、ファステナルを魅力的で斬新な組織にしている。従業員は規律に従いながら、敏捷に行動する。このアプローチは、同社のリーダーが事業を行ううえでの戦略的姿勢を反映したものでもある。

最も長くCEOを務め、現在もウィオナで伝説的人物となっているロバート・キーリンを含む5人の共同創業者は、1967年にナットとボルトを販売するための約90平方メートルの店をオープンした（現在は同社の博物館になっている）。2店舗目がロチェスター近郊にオープンしたのは、4年後のことだ。1987年のIPOの頃でも店舗数は約50にすぎず、全部が中西部の北側に集まっていた。

さらに発展し、留め金具以外の製品を扱うようになってからも（それでも留め金具は全収益の40%を占めていた）、大規模な買収やリスクの高い策略を用いることはなかった。店舗や製品カテゴリーを一つずつ、顧客を一人ずつ増やしていったのだ。着実で安定した手法が、特に一般従業員の自律性を重視する企業でこれほどうまく作用したことには驚かされる。シリコンバレーの多くの起業家同様、ファステナルはビジネスを短距離走ではなく、マラソンととらえている。

「留め金具は足がかりの一つです」とヘインは語る。「まずは留め金具、それがうまくいけば、次は清掃器具。こうして成果を収めると、『作業用手袋や保護メガネ、切削工具、溶接用具だって作れますよ』と言えるようになります。ボルトがほしいのに手に入らない、そう言われれば作ってみせます。こうして製品の種類が増えていくのです。部品がなくて工場を2日間動かせない顧客に、その部品を都合できれば、大きな違いとなるでしょう。我々は顧客のビジネスをよく知りたいと考えています。何が必要なのか、どうすればもっと効率をあげられるのか。そうすれば、他社と契約するなどあり得なくなるでしょう」。

自販機の活用は、マラソン型の姿勢を示す好例だ。ファステナルの最初の「ビジネスプラン」は、ボブ・キーリンが一枚の紙に描いたもので、同社の博物館に飾られている。驚くべきことにキーリンは、ウィオナ周辺の工場や店舗に自販機を置きたいと考えていた。そうすれば、顧客が必要に応じてナットやボルトを調達できるからだ。残念ながら当時は適当な自販機がみつからず、開発もできなかったため、代わりに店舗を開いたのだった。

それから50年近く経た現在では、技術も数世代進歩し、ファステナルの事業の3分の1は、自販機を設置した顧客との間で行われている。それでも、店舗の売上げにはほとんど影響がないという。問題解決と製品販売の手段が一つ増え、事業の幅が広がったということだ。

ファステナルは大企業でありながら、機敏に行動する。ほとんどの企業は戦略や文化を決める際、「どちらか一方」を選択しようとする。大きくなるか小さいままでいるか、ハイテクかハイタッチか、最先端か保守か。

「どちらも」選択しようとすれば、従業員の意欲や工夫する力が問われる。多くの企業やそのリーダーたちが、活用できるリソースや資産にとらわれるのではなく、従業員の能力への信頼から生まれるものにもっと自信を持つようになればいいと、私は願う。

過去数十年のファステナルの業績の背後に存在するものについて、私なりの感想を伝えたところ、ヘインは「そのとおり！」と満足げに笑みを浮かべた。

「我々は、1つの巨大企業ではありません。2700の小さな企業がまとまって、1つの大きな企業を築いているのです。『大企業なら、大企業らしくしろ』とよく言われるのですが、『とんでもない。我が社のあり方は我々が決める』と答えます。ほとんどの領域で、我々は常識に逆らっています」。

8章

「勝者一人占め」に未来はない

誰もが同じ船に乗っている

NOBODY WINS
UNLESS EVERYBODY WINS

オドニー・クラブは、イギリスのウィンザー城から北へ30分ほどの小さな村クッカムにある。緑に覆われた奇妙な場所で、クラブの中心には18世紀に建てられたラルブルック邸がある。近くをテームズ川が緩やかに流れ、青々とした芝生と色彩に富む庭園は手入れが行き届いている。クッカムは1908年に刊行された児童書『たのしい川べ』の舞台としても知られる。主人公のモデルの一人はラルブルック邸に住んでいた人物だという。

豊かで多彩な歴史の中に存在するオドニー・クラブは今、未来を見据えている。イギリスで有名な二大ブランドの経営幹部や中堅マネジャー、最前線のスタッフは、国内有数の独創的企業「ジョン・ルイス・パートナーシップ」の業績と展望を評価するために集まっていた。同社の年間売上高は150億ドル、利益は6億6000万ドル、イギリス、スコットランド、ウェールズに約9万4000人の従業員を抱える。彼らはイギリスの二大流通業者である百貨店のジョン・ルイスと高級スーパーのウェイトローズで働く。どちらも顧客との強い絆を結び、成長と変化のための大きな計画を持っている。

ジョン・ルイスの最初の店舗は1864年、ロンドンの繁華街オックスフォード・ストリートにオープンした（第二次世界大戦中にドイツ軍の爆撃で破壊された）。現在では高級品の揃うエレガントな旗艦店を筆頭に42店舗を有し、オンラインショップも急成長している。

一方、ウェイトローズは1904年、ウェスト・ロンドンの小さな食料品店として出発、1937年にジョン・ルイスに買収された。現在では336店のスーパーマーケットとコンビニを経営し、高品質製品と人間的な触れ合いを重視するサービスで知られている。食料品、ワイン、アルコール類の王室御用達として2002年にエリザベス女王、2010年にチャールズ皇太子から認められた。

ジョン・ルイス・パートナーシップがイギリスで（おそらく世界でも）傑出しているのは、従業員が全株式を保有していることだ。高配当を求める一般株主もいなければ、手数料をむさぼるヘッジファンドもいない。ストックオプションを有利にしようと安易な株価対策を目論む経営幹部もいない。9万4000人の従業員はみなビジネスパートナーとして遇されている。毎年末に業績に応じた多額のボーナスを受け取り、潤沢な資金を持つ有利な年金プランにも加入できる。イギリス南部にあるプライベートビーチつきの16世紀の宮殿や、ウェールズ北部の湖岸のクラブに滞在できる特典もある。普通なら幹部だけの特権だろう。

ジョン・ルイスとウェイトローズは、他社に負けない価格設定、サービスと配送のイノベーション、ネット活用をはじめ大胆で積極的な企業として知られている。創出した富を公平に共有するため、流通業界にありがちな最小限の賃金・給付政策で抑え込もうとはしない。従業員とともに歩むこのアプローチが成長に寄与し、注目を集めるようになった。デビッド・キャメロン政権においても、「ジョン・ルイス型経済」――従業員が所属する会社の利益を共有するために株式を所有するという、「真に包括的で、人気のある」[1]資本主義の一形態――の利点がオープンに語られるほどだ。

驚くべきは、利益のみならず権限をも分配する、完全な民主的組織として運営されていることだ。企業であると同時に国家のようで、従業員や選ばれた代表が大小様々な問題について議論を交わす。この民主主義は単なる比喩でもポーズでもない。財務情報へのアクセス、懲罰を恐れずに意見を表明する権利、戦略に対する発言権、業績を監視する役員会や諮問委員会に対する選挙権などを含む、マネジメントと統治のシステムである。

すべての従業員の参加、意思決定の共有を重視するだけでなく、それを後押しするフルタイムの「民主主義コーチ」がいる。しがらみのない立場で発言するオンブズマン役の「パートナーズ・カウンセラー」もいて、「（民主主義の）原則に忠実」であるよう監視する役割を担う。

「私たちは民主主義をビジネスの根幹に位置づけています」と語るのは、1975年に同社に参加、現在はパートナーズ・カウンセラーを務めるジェーン・バージェスだ。「私たちは、販売パートナーが顧客によりよいサービスを提供できるようサポートしています。民主主義コーチも同じで、違いは製品が『民主主義』である点だけです。彼らは、当社の民主主義を良好な状態に保つ役割を担っています」。

また、民主主義の実現を促すため、地方自治体のような「パートナーボイス」という制度を持つ。400以上の地域のデパート、食料品店、卸売店の従業員は、2年に1回、所属店舗の代表として約10人の従業員を選ぶ（合計すると4000人を超える）。選ばれた従業員は情報や意見を集め、マネジャーに会い、職場での日常的な問題についての同僚の意見を伝える。

ここにも民主主義コーチが同席し、効果的な会合の持ち方、合意を得るための対話法、店長を支える方法などを伝授する。同時に、各店舗に共通する問題や注目に値する問題にも耳を傾ける。「私たちは各店舗が優れた業績を達成できるよう支えるのはもちろんのこと、様々な地域に共通する問題をあぶり出します」とバージェスは言う。

ジョン・ルイスとウェイトローズの従業員は、3年に1回、地域ごとに「フォーラム」に参加する代表を選ぶ。両者ともに「カウンシル（州議会のようなもの）」を構成し、全店舗に関わる問題を扱う。その上位にあるのが、「パートナーシップ・カウンシル」だ。選ばれた66人のメンバーは全社を代表する議員のようなもので、戦略的に重要な問題を議論し、投票を行う。議事進行は議長が行い、2年に一度の投票で留任も認められる。最高決定機関は「パートナーシップボード」、経営幹部の委員会だ。15人のメンバーのうち5人はパートナーシップ・カウンシルから選ばれる。つまり、民意は組織の頂点にまで届く。

選挙のときには、選挙運動が行われる。地位が高くなるにつれ、選挙運動も政治家の選挙運動に似たものになる。「パートナーシップ・カウンシルの選挙期間中に店舗や支店に入れば、ポスターが目に入るでしょう。店員は『私に一票を!』と書かれたバッジをつけています。選挙運動は必ずしも論点を絞ったものである必要はなく、候補者に対する信頼構築が中心です。それでも選挙運動には違いありません」(バージェスによれば投票率は約70%にのぼるという。余談だが、2012年のアメリカ大統領選挙の投票率は58%だった)。

ジョン・ルイス・パートナーシップの民主主義

面倒にも思えるが、このやり方は1929年から行われ、うまく機能している。113条から成る「ジョン・ルイス・パートナーシップ憲法」においては、「快適で能率的な」労働条件を守る権利、「(たとえ反論されるとしても)批判や疑問、提案に対する開放性や寛容さ、自由」、「ジョン・ルイス・パートナーシップのニーズと従業員個人の生活との健全なバランスの重要性を認識する」[2]ための管理職の責任など、組織の統治についてのすべてが定められている。

憲法は、選挙を行う時期や社内「ジャーナリズム」の役割のほか、従業員からの文書による質問(匿名も可)には、幹部が3週間以内に回答することなども定めている。何より大事なのは、第1条で同社の存在意義を明記している点だ。

「ジョン・ルイス・パートナーシップの究極の目的は、優れた企業への有益で満足できる雇用を通して、従業員全員の幸福を実現することである。メンバー全員が株主であり、報酬(収益や知識や権限)とともに、所有者としての責任をも共有する」。

憲法を作ったのは、イギリスの偉大な事業家でジョン・ルイス・パートナーシップ創業者のジョン・スピーダン・ルイス(1885〜1963年)だ。19歳のとき、オックスフォード・ストリートと、キングス・ロードの「ピーター・ジョーンズ」の2店舗を所有する父親の流通業に加わった。やがて親子は仲違いする。同社の歴史に詳しいギャビン・ヘンダーソンは、『テレグラフ』紙にこう語る。

「スピーダンは、オックスフォード・ストリートの店舗で働く300人の従業員の賃金に比べて、自身や兄弟、父親の取り分が多すぎると感じていました。企業が成長するためには、郵便物の仕分けをする少年から売り場の店員まで、全員が当然得るべき利益を得なくてはならないと考えたのです。父親は息子の主張する新しい労働慣行が気に食わず、1914年には、このまま一緒にやっていくのは無理だとお互いに判断しました」。

息子は所有株式を父親に売り払うと、ピーター・ジョーンズの会長に就任し、自身のアイデアを実行しようとした。「父親が従業員に対して厳しい姿勢を取ったのに対して、息子はチェスで戦略思考を育むよう従業員を奨励しました。1918年には従業員が匿名で経営陣に質問できるよう、社内報『ガゼット』を創刊しています。質問には管理職や幹部が答えました」。

ピーター・ジョーンズは、オックスフォード・ストリートにある父親の店舗よりも業績を伸ばした。1928年に父親がこの世を去ると、息子は全社を統率するようになる。ジョン・ルイス・パートナーシップを創設し、翌年には憲法を制定した。その後は誰もが知るとおりだ。[3]

10月の爽やかな朝、パートナーシップ・カウンシルの会議に詰めかけた人たちを見ていると、ジョン・スピーダン・ルイスの精神が今も息づいていることが感じられた。会議ではいつもどおり、戦略をめぐる重要な問題（食料品店のマージンに対する圧力強化、管理職層多様化のための取り組みなど）から、最前線の従業員から寄せられた小さな苦情（従業員割引についての誤解や、同社の休暇施設が以前ほど利用されていないのではないかという疑問など）まであらゆる問題が議論された。

66人の選出メンバーが、会長（CEO）のチャーリー・メイフィールドに指名された3人のカウンシルメンバー、パートナーシップボードの15人のメンバーとともに参加している。従業員なら誰でも傍聴できるし、オブザーバーの参加も可能だ。私のほかには、企業の場で民主主義がどのように機能しているかに興味を持ったイギリスの労働組合会議の幹部や、組織文化を活気づけようと取り組むBBCのマネジャーなどが参加していた。会議の様子は、C-SPANの議会中継さながら、イギリス中の各店舗にライブ映像で伝えられていた。

パートナーシップ・カウンシルでは、自由で積極的な議論が交わされた。最も白熱したのは、最近顧客に人気を博したものが、現場に大きな負担を強いているという問題だった。変化を伴うものはプレッシャーも大きく、現場のマネジャーに対する懸念が指摘された。「我が社は変化の必要性を理解しています。ただし、パートナーたちの満足とビジネスの成功、この両者のバランスに留意しなくてはなりません」と、ある参加者は述べた。

この問題は前回（7月）の会議で明らかになっていたため、メイフィールドは今回の会議で提示すべく、報告書の作成を命じていた。報告書は次のような点を検証していた。

「問題となったイノベーション課題は、本当に野心的なものか。従業員と現場のマネジャーの権限は、20対1という目標を超えていたのか。現場のマネジャーは店舗において、緊張関係への対処に苛立ちを感じているのか、問題解決に不安を感じているのか」。

参加者の一部にも、苛立ちや不安はあった。ある参加者はメイフィールドを名指しで批判した。「問題に気づいていたなら、なぜ今回のカウンシルまで待っていたのですか。気づいていなかったのなら、それはなぜですか」。

私が最も興味を引かれたのは、会長の功績を認めるか否かについて、カウンシルが投票を行ったときだった。メイフィールドは、スミスクライン・ビーチャムやマッキンゼーを経て、2000年にビジネス開発部門を率いるためにジョン・ルイス・パートナーシップに加わった。若い頃には軍での経験も積んでいる。2007年の会長就任後は、有能なリーダーとして社外でも人気がある。

つまり、投票の行方は明らかだった。ところが議論は激しくなる一方で、会長に対する厳しい意見や、支持者からの応酬が続いた。「私は反対票を入れます」と熱のこもったスピーチのあとで宣言した参加者もいた。彼が着席すると、別の1人が「ずいぶんカメラを意識していたね」とからかう。さらに4人がもう少し穏やかにではあるが反対票を投じ、5人は棄権した。普通の企業なら、こういう場面を中継するなどあり得ないだろう。

2015年3月に開かれたパートナーシップ・カウンシルでは、メイフィールドが全会一致で信任を得た。創業者ジョン・スピーダン・ルイスは自由なやり取りを重んじたが、その民主主義の精神はルイスの死後、今なお生き続けている。

パートナーシップ・カウンシルの社交的な議長、デビッド・ジョーンズ（ウェイトローズのサプライチェーン部長としてフルタイムで働いている）は、投票が終わりに近づくと、こう述べた。「誰に対しても、強制するつもりはありません。懐疑的になるのは、民主主義が機能している証です。パートナーシップ・カウンシルのメンバーとして、みなさんは何でも言いたいことを言うことができます」。

「勝者一人占め」経済で取り残された人々

ここ数年というもの、1980年代半ばにブルース・スプリングスティーンが歌った「ボーン・イン・ザ・USA」をよく思い出す。少しばかりノスタルジックになっているのかもしれない。この歌が流行った頃、レーガン大統領が政治を担い、ブルース・スプリングスティーンは、社会の一部だけを豊かにするウォール街と、彼の歌を愛する一般人の葛藤、両者の対比を浮き彫りにした。絶叫にかき消されることも多かったが、彼はライブの最後にこう呼びかけた。「忘れないで。すべての人が勝たなければ、誰一人勝つことはできない」。

30年後の今、このシンプルなメッセージは、特にイノベーションや影響力増大を求めて味方を募るリーダーにとって重要性を増している。自由市場においては、平等と非効率、創造性と安定、成長と正義の間で常に緊張が存在するのは当然だ。しかし近代以降、これほど所得と富、昇進の機会が偏っている時代はない。長期的な社会契約によって富が共有され、上昇移動は経済学者の言う「勝者一人占めの社会」に道を明け渡している。そこではスキルや市場の力、わずかな運の差によって、もたらされる結果や幸福度が大きく違ってくる。

「過去数十年は、報酬や成長の多くが金持ちや富豪に渡っていた」。『勝者一人占めの政治（*Winner-Take-All Politics*）』（未邦訳）の中で、政府の政策がいかに不平等を拡大したかをジェイコブ・S・ハッカーとポール・ピアソンが検証した結果だ。「残りのアメリカ人は、貧しい者も上流中産階級も取り残された[4]」。

ビジネスやリーダーシップにおいて、なぜこれが問題になるのか。最前線の従業員、たとえば銀行の窓口係の目には、勝者一人占めの経済がどう見えるかを考えてみよう。数年前、カリフォルニア大学バークレー校労働センターは、アメリカでは銀行の窓口係の約3分の1が、フードスタンプや所得税控除、メディケイド（低所得者向け医療費補助）、児童医療保険など公的支援の対象となっているという衝撃的な報告を出した。ニューヨーク州では4割にのぼる。

アメリカにはおよそ50万人の窓口係がいる。その多くが大恐慌で最悪の破綻に見舞われ、莫大な資金救済を受けた銀行の従業員だ。ほとんどの銀行はふたたび業績を回復し、2013年（報告書が発表された年）には利益は合計1410億ドルに達した。それでも窓口係の年間所得の中央値は2万4100ドル（時給換算で12ドル以下）という低さで、税金から9億ドルが支援に充てられている[5]。

これが勝者一人占め経済であり、なにも銀行に限った話ではない。前例なき不平等の拡大は、企業のリーダー、特に社内外の味方を動員して変化を促そうとする人々の喫緊の課題となっている。**ともに歩もうとする人々が一体感を持てないとしたら、はたして、市場の可能性を再考し、他者がやろうとしないことに取り組むよう促せるだろうか。**

リンダ・ヒル教授が力説するように、リーダーが斬新な問題解決から不釣り合いな報酬を得ようとしていながら、従業員が「困難な仕事に積極的に関わる意欲を持てる」ような環境を作り、有能な人材を関与させることなどできるだろうか。

インターネット時代のオピニオンリーダーの一人、ティム・オライリーは、優れた企業は「つかめる以上の価値を生み出す」という言葉を好んで使う。言い換えれば、**一般従業員の強い意欲を喚起し、市場で大きな波を起こし得る企業とは、結果として生み出される価値の相応部分を従業員と共有する企業である。**

これはシリコンバレーの信条だ。シリコンバレーでは、スタートアップが従業員にストックオプションを与える。IPOから15年も経たないうちに、マイクロソフトは推計1万人もの百万長者を生み出した。ビル・ゲイツは歴史上有数の富豪になったが、富の創造を後押しした大勢の仲間も分け前にあずかっている。

ツイッターのIPOの翌朝には、2300人の従業員が総額38億ドル相当のオプションを保有していた。1人当たり168万ドルだ。

ボニー・ブラウンのことも忘れるわけにはいかない。彼女は、グーグルの創設からまもない頃に求人広告に応募し、パートタイムのマッサージ師になった。報酬としてストックオプションを手に入れ、5年後に退職したときには億万長者で、世界中のキリスト教宣教師を支援する団体まで設立したほどだ[6]。

どの企業も、若いエンジニア（や幸運なマッサージ師）を億万長者にすべきだと言っているわけではない。しかし、マイクロソフトやツイッター、グーグルによる富の分配の論理は、シリコンバレーやシアトル以外にも当てはまる。簡単に言えば、より多くの従業員が行動の一端を担い、意見を述べる機会を持つとき、企業ではより多くのアイデアが生まれ、より多くの価値が生み出されることになる。

『エコノミスト』誌は「労働者を資本家に変える」と題した記事の中で、「一連の研究によれば、従業員が一定の株式を保有する企業では、その生産性や革新性が高まり、離職率が低くなり、企業側も簡単には従業員を解雇しなくなる傾向にある」と述べている。ただし、「これらの結果には条件がある。従業員が経営のあり方に発言権を持つかどうかに左右される[7]」。

富の分配とオーナーシップが、従業員を奮い立たせる

勝者一人占めでは経済の安定は望めないばかりか、企業経営もうまくいかない。だとしたら、他に選択肢はあるだろうか。私が最初にヒントを得たのは10年ほど前、シリコンバレーとは大違いのウィスコンシン州グリーンベイの「ＫＩ」を訪ねたときだった。

ＫＩは、１９４１年に設立されたオフィス家具メーカーである。リチャード・Ｊ・レシュは１９６５年に入社し、１９８３年にＣＥＯに就任した。当時のＫＩの年間収益は４５００万ドル、金属製折り畳み椅子など低価格製品を製造する小企業だった。現在では収益は約８億ドル、３０００人の従業員を抱え、大学や病院、マイクロソフトやアマゾン、フェイスブックといった最先端テクノロジー企業など、要求水準の高い業界のクライアントに洗練された家具を提供し、高い評価を得ている。

ＫＩが市場で新たなアイデンティティを得るには、オーナーシップ構造の改革が不可欠だったと、レシュは私に説明した。ＣＥＯ就任から数年後、株式を少数の幹部から従業員全員に移転した（彼自身は現在も株式の約半数を保有している）結果、数千人の従業員がＫＩの所有者となり、生み出す価値を共有することになった。ＫＩでは、自社の成功は従業員全員の成功に等しい。

外部の投資銀行家は毎年、同社を株式公開会社のごとく評価する。株主構成を変えてから数年後の１９９０年には、株価は１株３・８ドルだったが、ターゲット市場の多くで長期的

成功を収めた2004年末頃には27ドルにまで上昇した。14年間の上昇率は15％近くで、オフィス家具のように競争が激しく、価格に敏感な市場では目覚ましい成果である。その後の世界不況で業界全体が大打撃を受けたときも、KIの株価は43・5ドルに達していた。インドや中国などの急成長市場に販路を拡大し、どの市場でも株価上昇が見込まれている。[8]

言うまでもなく、KIのフォークリフト運転者とマイクロソフトの百万長者とは違う。それでも従業員全員が、財政面でも精神的にも、同社の運営や価値創造を担っていたことは無視できない。コストや品質、サービス、製品開発について意思決定を行うときには、同社のリーダーの多くが部下に対して、「オーナーのように考えてほしい」と願う。従業員にオーナーとしての姿勢を持たせるには、本物のオーナーにすることが最も近道である。

オーナーたる従業員が事業運営の細部に入り込み、自分たちの短期的決断が長期的な評額にどのように影響するかを理解すれば、株主であることの意味はより大きなものになる――そうレシュは考えた。レシュや幹部が好んで語るのは、KIが「古典的資本主義」から「社会的資本主義」へと移行しつつあるということだ。誰もが行動の一端を担い、重要な理念を実現しようとしている。

たとえば毎月第3木曜日には、レシュと約40人のマネジャーが会議室にこもり、地域や部門、工場ごとの成績を分析する。参加者は所属部署のデータを持ち帰り、部下と共有する。部下は自身の部下と共有する。このプロセスによって、マーケターやデザイナー、工場労働者など全員が、どの製品ラインが計画どおりに進んでいるか（遅れているか）、どのオペレーションがうまくいっているのか、うまくいっていない場合には、どのような支援が可能であるかを把握する（2015年6月にレシュと話をしたときには、500回目の公開ミーティングを開いたといっていた）。

グリーンベイにレシュを訪ねてから数年後、私はコネチカット州エイボンで、リフレクサイト・コーポレーションのCEOセシル・アースプラングから似たような言葉を聞いた。

リフレクサイトは、トラクタートレーラーやパトカー、建築現場のカラーコーン、道路標識用の反射素材を製造し、コネチカット州やニューヨーク州ロチェスターのほか、海外にも14か所の製造拠点を持つ。その名はあまり知られていないが、同社の製品は夜間労働者や移動者の安全を守るために欠かせない。

レシュと同じように、アースプラングも人使いが荒い（人間だけではなく車に対してもそうで、自動車レースに参加するのを楽しみにしている）。その一方で、あらゆる従業員からのフィードバックや提案に対してはオープンだった。なぜなら、従業員は同社の成功への投資者でもあるからだ。

従業員株式保有制度（ESOP）によって、従業員は年に一度、部署や製造現場の業績に基づいて給与の6～18％相当の株式を得る。その中には旧東ドイツの従業員60人、中国の従業員100人以上も含まれている。従業員は株式やオプションを追加購入でき、多くがそうしていた。

「私のボスはあちこちにいるんですよ」と、アースプラングは社内を案内しながら私に言った。「我が社の株式の4分の3は、事業を直接手がける人々の手にあります。我々は、その手で事業に関わるだけではなく、自分たちのために事業に関わりたい従業員を求めます」。

注目すべきは、彼らが同社の一部を保有するだけではなく、経営にも関わる点だ。戦略についての議論に加わり、財政状況や営業成績についての月例報告に目を通し、業務に深く関わる。「現状に少々不満を持ち、改善したいと願うとき、人は最善を尽くすことができます。それはオーナーシップがあってこそ可能となります。当社の従業員が少し手を伸ばした結果、何が生まれたのか。エピソードには事欠きません。普通の企業ではあり得ないことでしょう。従業員は、自分たちのためになるとわかっているなら、積極的に大義に関わろうとします。創造に関与し、生み出された富を共有する機会が得られるなら、そこに驚くべき結果が生じます」。

実際に、彼らは富を生み出した。リフレクサイトのESOPは、1985年に15万ドルの初期投資によって始まったが、10年後には2000万ドル、2010年には4000万ドルに達している。

アースプラング退任の2011年、同社は困難な選択を迫られ、ドイツの競合に身売りした。2007年の世界金融危機に巻き込まれた形であり、多くの市場で合従連衡が進んでいた。幸い、この買収は株主に莫大なプレミアムをもたらし、一般従業員も〝棚ぼた〟を共有できた。「従業員全員が、国内外を問わず、等しく扱われました。こうした商取引においても、オーナーシップのシステムは一種の社会正義をもたらしたのです[9]」とアースプラングは語る。

全員が勝たなければ、誰も勝てない

シリコンバレーの熱狂とは無縁の小規模企業、KIとリフレクサイトでは、従業員が行動の一端を担い、意思決定に参加するときに何が起こるかを垣間見ることができた。だが、何十年もの間、経済を定義し、歪めてきた〝勝者一人占めの風潮〟に取って代わるものは、大企業でも実現し得る。私はそのことを、二つの組織から学んだ。

一つは、本章冒頭で紹介したジョン・ルイス・パートナーシップである。約10万人の従業員の末端まで参加する従業員株式保有制度（ESOP）、誰もが投票権を有し成功を共有できる憲法といった仕組みにより、経営幹部は「今ここ」で真摯に取り組む謙虚さを強く持つ。最前線の従業員も意欲を高め、貢献に前向きになる。

憲法が本領を発揮するのは、全従業員が受け取るボーナス額が発表される毎年3月だ（ボーナスの総計はその年の営業収益に基づく。各従業員は年間給与に応じた割合でボーナスを受け取る）。ウェイトローズとジョン・ルイスの従業員は、オックスフォード・ストリートの旗艦店に集まる。この店のマネジャーが決定的瞬間をカウントダウンし、社内合唱団が歌を歌う。２０１４年にはボーナスは給与の11％に達し、11週間分が支払われることになった。

正直に言えば、これは残念な結果だった。ウェイトローズの利益率への圧迫に足を引っ張られたのだ（ロンドンの『タイムズ』紙は発表前、合唱団は「大きな声で歌えないかもしれない」と懸念を示した）。前年の２０１３年は15％で（合唱団は、高らかに歌った）、年によっては24％、13週間分に達したこともあった。ボーナスにため息をつこうと歓声をあげようと、誰もがその算出法を知っているし、それが自分たちにとって、同社の財政の健全性にとってどういう意味を持つのかを理解している。[10]

ジョン・ルイスにおいては、ボーナスを祝う以上に共通の利害がある。憲法第63条では、「最高給のパートナーの給与は、時間換算で、非管理職パートナーの平均基本給の75倍を超えてはならない」と定められている。２０１４年には、ＣＥＯのチャーリー・メイフィールドの給与は一般職従業員の平均給与の66倍だった。無論少ない額ではないが、他のＣＥＯに比べればはるかに少ない。アメリカの株式公開会社では、ＣＥＯは平均すると一般従業員の３００倍の報酬を得ている。

ジョン・ルイスとウェイトローズは新入社員に対しても、公的支援対象になるほどの低賃金ではなく、相応の報酬を支払うことに関心を持っているように見える。たとえば、ちょうどパートナーシップ・カウンシルの会議が開かれた週に、イギリス政府は国内の最低賃金の微増を発表した。このこと自体はいいニュースだと参加者は考えたが、最低賃金ではなく「生活賃金」、特に「ロンドンの生活賃金」を問題にすべきだという声も出た。首都の暮らしは高くつく。「低賃金の悪循環を断ち切る」ことや、昇進するための生涯学習の重要性を議論する過程で、ある参加者は「我々には、憲法に基づいて、パートナーの業績に応じた報酬を与える責任があります」と発言した。

会議では、年金制度に対する目立たないながらも徹底的で現実的な見直しも行われた。同社の確定給付型年金も、長年の間に問題を抱えていた。年金は過去2年間、カウンシルでの議論の中心であり、意見が分かれる論点でもあった。確定給付型と確定拠出型のハイブリッド制度を作り出す計画が提案され、議論され、修正され、ふたたび議論されていた。

２０１４年10月の会議から数か月を経た1月、51対11でこれ以上の先延ばしが否決されたのち、全会一致で最終版が認められた。２０１５年の年報は、この決定が「我が社の民主的プロセスにとって重要な瞬間だった」と記している。カウンシルでのこうした大きな決断は、「パートナーシップにとって最も有益」だからだ。これらは運命を共有し、全員の参加を求める組織においては、オープンかつ前向きに行われる困難な選択だ。全員が勝たなければ、誰も勝つことはない。

「たいていの企業が重視するのは金融資本の強化ですが、私たちが重視するのは社会資本なのです」。前出のパートナーズ・カウンセラー、ジェーン・バージェスは次のように述べた。「従業員が発言権を持つとき、影響力を持っていると感じるとき、自身の貢献が公正に報われていると考えるとき、組織には自信が満ちあふれ、その結果、組織と将来のことをもっと気にかけるようになります。もちろん金融資本は必要です。けれども、推進力を生み出すのは社会資本なのです」。

ハーバード・ビジネススクールで最も読まれた事例研究

大企業がその繁栄を広く分かち合う可能性に対して、私の目を開かせてくれたもう一つの機会は、エリー湖の南、オハイオ州ユークリッドへの旅だった。本書のプロローグに登場したリンカーン・エレクトリックは、溶接装置や切断機の世界的製造企業であり、年間売上高は約30億ドル、約1万人の従業員を抱え、19か国におよそ50か所の製造施設を有する。同社の競争力維持の源泉は、確固たる社会システムにあった。

同社は1895年にジョン・C・リンカーンが200ドルの資金と自ら作成した電動機の設計計画をもとに創設して以来、激しい競争を生き抜き、成長し続けている。優れた業績の多くは品質と信頼性を重視した結果であり、近年では、製造や運営にあらゆるデジタル革命が活用されている。創業から100年後の1995年に上場し、その後株価は約1000%上昇した。世界の市況が激動する中で、まさに驚くべき成長だ。

職場環境のイノベーションを繰り返してきたことも、市場で成功を収めるカギだった。リンカーン・エレクトリックは1914年、従業員の中から選ばれた代表に対して、経営幹部への発言権を与える「従業員諮問委員会」を設立した。1925年には一般従業員が株式を保有し、退社時に売り戻すESOPを制度化した。1934年には固有の利益共有システムを開始し、1958年には、従業員を解雇しない約束を正式に発表した。

その一方で、創業当時から現在に至るまで、クリーブランド郊外にある最も重要な製造施設では、従業員の生産性を正確に測定し、他のグループと比較した各自の成果に基づいて報酬を与える能力給システムが用いられている。個人評価によってボーナス額も決まる。結果を出せば賃金が上がるとともに、年度末のボーナスも増えるという2度のチャンスが与えられる。

これらの政策は、1914年から1965年に亡くなるまで同社を率いたジェームズ・F・リンカーンによるものであり、現在のリンカーン・エレクトリックの根幹となっている。緩やかに組織をむしばむ勝者一人占めの経済に代わる、無駄のない強く公平な経済だ。ジェームズは、ジョン・ルイス・パートナーシップにとってのスピーダン・ルイスに相当する。創業者ではないが、現在の同社を形づくったアイデアや世界観の生みの親だ。彼は就任まもない頃に「仲間の労働者たち」を歓迎する会合を開いた。そこには、大勢の従業員が序列とは関係なく集まっていた。他方、個人のモチベーションを高めることにも非常に熱心で、能力給制度を導入した。それから100年経っても、同社では従業員一人ひとりが強い意欲を持ち、目的意識を共有し、自ら責任を負い、揺るぎないアイデンティティを確立している[11]。

私はCEOのクリストファー・メイプスに「もしジェームズが現在の御社を見たら、自身が築いた原型を発見できるでしょうか」と尋ねてみた。返ってきた答えはこうだ。

「審議会のようなシステムにはすぐに気づくでしょう。ただし私は、彼のように2週間に一度、従業員と会うことはできません。当社の事業はグローバルに広がり、出張が多いからです。それでも4～5週間に一度は顔を合わせます。メンバーは現在も従業員から選ばれていますし、誰もが読めるように議事録も公表しています。会合前にメールで打ち合わせをすることが多いですが、門戸開放の方針は変わりません。当時と同じ開放的な文化は今も存在し、広く共有されているのです」。

「生産性や功績を重んじる文化」も健在だとメイプスは続けた。「なぜなら、それこそが我々の根幹だからです」。部外者はたいてい、同社が税引前利益から1ドル当たり32セントを従業員のボーナス用に引き当てていることや、世界的不況下でも維持されてきた雇用保障に注目する。「〝ウィ・アー・ザ・ワールド（僕らは仲間）〟というわけです」と彼は冗談めかして笑う。

「けれども、我々が常に従業員の業績を測っていることに気づく人は少ないようです。半年ごとに同僚と比較した評価が下されます。我々は測定し、分析し、各自の業績について議論します。**全員が毎日、ベストを尽くすよう求めます。とはいえ、それがうまくいくのは、誰もが同じ船に乗っていると感じているときだけです**」。

リンカーン・エレクトリックは、ジョン・ルイスほど国内で名の通った企業ではない。だが、それでも象徴的な存在だ。同社の優れた業績が、利益の共有や生涯雇用保障によることは、ビジネススクールの研究者や学生の注目を集めている。ハーバード・ビジネススクールの1975年の事例研究「リンカーン・エレクトリック・カンパニー」は、最も購読数の多い事例研究だ（同校は1947年以来、少なくとも年間6本の事例研究を発表しているが、この研究は発表後

40年間にわたり、ベストセラー第1位を維持していた)。

カナディアン・ブロードキャスティング・コーポレーションの元特派員フランク・コラーは、著書『ひらめき(*Spark*)』(未邦訳)の中で、同社の歴史や就業保障に一章すべてを費やして詳述している。彼によれば、ハーバード・ビジネススクールのティーチングノートでは、リンカーン・エレクトリックのモデルが、他の企業には克服できない可能性のある「重要な障害」を内包することが指摘されているという。ただし、「同社の比類なきアプローチが現実に機能していること、しかも実に見事に機能していることを忘れるべきではない」とコラーは明言する。

簡単ではない、しかし100年企業も実践している

同社の事例研究を監督したハーバード・ビジネススクールのノーム・バーグ教授によれば、学生の反応は常に相反するものだという。「この事例研究に関する基本的な問いは、自身や同社のどのような利害が従業員を懸命に働くよう促すのか、しかもその懸命な取り組みが持続するのはなぜかを理解することです」と彼はコラーに対して述べた。

「一部の学生は必ずこう言います。『労働者が自分たちの取り組みに基づいて、何をするか、何を報酬として得るかを正確に統制するのは、まさに完全な資本主義です』。一方で、こう言う学生もいます。『株主を優先していないのですから、一種の共産主義ですね』」。

私が同社の歴史から学んだこと、その歴史が企業や社会の未来のために示唆することは、

次のような教訓である。創造性や生産性に従業員が強い興味を持つこと、成功を促すために企業が手綱をはずすこと、その成功の分け前を誰が手にするかを公平に見極めること。これらの間には、何の矛盾も対立も存在しない。

リンカーン・エレクトリック流にビジネスを行うことは簡単ではないだろう。しかし、得られるものは多く、持続可能だ。誰もが勝てる機会を生み出すとき、企業は大きく成長する。たとえば賞賛を集めている「解雇しない約束」について考えてみよう。この方針は1958年以来掲げられており、経営陣の選択肢を否応なしに制限する。2009年の深刻な不況下では、わずか1年で売上高の30％が消えた。「雇用保障を維持できるか、真剣に議論しました」とCFOのビンセント・ペトレラは振り返る。

「議論を重ね、我が社のあり方を振り返りました。その結果、**維持しなくてはならない**という結論を出しました。この方針はまさに我が社の根幹ですから。好景気のときに1000人の従業員を雇用し、不況になれば首を切るのに比べれば、経営陣のスキルや専門性がはるかに要求されます。積極的なマネジメントが必要です」。

この方針によって、積極的に会社と関わろうとする従業員が生まれる。北米担当上級副社長のドウ・ランスは25年前に入社し、工場の内部事情に精通している。従業員が成功するには何が必要かと尋ねてみると、「競い合う意識、勝ちたいという意欲です。頂上に立ちたいという意欲を持っているかどうか」と答え、「競い合う意識」は一人ひとりが持つと同時に、従業員全員が共有しなくてはならない、と付け加えた。

最前線の労働者として、「私は周囲の全員と競い合っています。常に私自身の成績をあげたいと考えていますが、チームとしても勝たなくてはなりません。業績が伸びれば伸びるほど、利益も膨らみます。利益が膨らめば、ボーナスのためのプールも増えるのです」。

毎年のボーナスが、業績や従業員一人ひとりの生活に及ぼす影響はどれほどのものか。ジョン・ルイスでは、ボーナスはその年を締めくくる格好のプレゼントだ。2013年は、その年の給与に15％がプラスされた。リンカーン・エレクトリックでは、ボーナスが従業員の生活を左右する。2013年には業績は好調で、平均ボーナスは年間給与の70％に達した。同僚からの評価が高い従業員の場合、その年の給与全額よりも多かったほどだ（評価が低ければ、少なくなる）。2009年の経済不況では、ボーナスのプールは年間給与の25％にすぎなかった。病めるときも、健やかなるときと同じように全員で分かち合ったという。

リンカーン・エレクトリックのペトレラは、四半期ごとにいわゆる「ボーナス予報」を発表する。ボーナス用資金の合計額を予想し、平均年間給与に加えてどれくらいのボーナスが支払われるかを示すものだ。従業員が数字に注目するのは、もちろん自身の生活のためだが、それ以上に、最高額を得るために年末までに何ができるかを考えるためでもある。

「従業員はマネジャーと同じように考えます。自身の生産性を高めるにはどうすればいいか。どうすれば無駄を省けるか。所属チームの業績をあげるために自分に何ができるか、と」。

毎年12月の第2金曜、CEOのメイプスは従業員を集め、「ボーナス用資金」の規模を明らかにすると同時に、過去との比較、同社が抱えている重要な問題、それらが従業員のボーナスにどのように影響するかを示す。

「これにより、従業員の働きを称えるとともに、従業員全員がオーナーとしての姿勢を持つよう促すことができます。誰もが我が社について、我が社の事業について考える——なぜなら、彼らは我が社そのものだからです。こうして従業員は、我が社の発展に欠かせない重要な一部となるわけです。誰もが、同じ船に乗っているのです」。

エピローグ

成功への「8つの質問」

１００年以上前、セオドア・ルーズベルト大統領はニューヨーク州シラキュースで労働者の日《レイバー・デー》を祝うスピーチを行った。「人生が与えてくれる最高の宝物は、やる価値のある仕事に懸命に取り組む機会です」。

成功に対するこの定義は、現在にも通じる。「やる価値のある仕事」とは、影響力を高め、達成感を深める仕事であり、私にとっては新しい時代のビジネスやリーダーシップのための成功物語を書き直すことでもある。

本書では、当たり前のことを、当たり前ではないやり方で行っている企業やリーダーから、様々な知見や教訓を引き出してきた。だが彼らの成功物語は、**あなた自身**が成功を目指す際にアイデアや実践方法を活用し、今よりも大胆に考え、高みを目指し、大きな勝利を得ようとして初めて価値あるものになる。

最後に、本書の中心となるメッセージを「8つの問い」にまとめた。あなた自身の成功物語を作るうえで役立てばうれしく思う。

①あなたの成功の定義は、競合とは一線を画し、同僚や部下に意欲を持たせられるものか。

本書で紹介した企業やリーダーは、掲げる目的を明確にし、同僚や顧客、仲間を成功へと駆り立てていた。ブランド戦略家のアダム・モーガンは、これを「灯台のようなアイデンティティ」と呼ぶ。企業が達成しようとする「特別な姿勢」であり、その目標が「彼らだけのもの」であって、格別に重要だという「圧倒的な確信」でもある。

ベンチャーキャピタリストのジョン・ドーアは、彼らを「使命感に燃える者」と定義した。「欲得ずくの者」とは正反対の存在だ。彼らは成功するためだけではなく、「大切なこと」のために奮闘する。

最高の価値を生み出す企業やリーダーは、(効率的であるにせよ)予測できる現状に取って代わる最も魅力的な存在として、自らを位置づける。メトロバンクのバーノン・ヒルは、冗談半分で、自分は業界の「異端児」だと語る。だからこそ、小売銀行業務のような面白みのない世界に、大勢の従業員や顧客がこれほどの興奮を感じるのだろう。

実店舗を持たないクイックン・ローンズで「ＩＳＭの実践」に参加したとき、創業者のダン・ギルバートも同じことを言っていた。問題は、ユニークさや断固たる信念を持っているかどうかだ。

他の企業ができないこと、やろうとしないことを、あなたはやれるだろうか。

②自分たちがやっていることがなぜ重要なのか、どうやって勝とうとしているのかを、説得力ある言葉で明確に説明できるか。

結局のところ、唯一の持続可能なリーダーシップは、ソートリーダーシップ――優れた製品やサービスだけではなく、抜きん出たアイデアを掲げるリーダーシップである。

独特の考え方をするリーダーは、語り口も独特だ。『ファストカンパニー』誌の同僚で『マーベリック・カンパニー』の共著者でもあるポリー・ラバールは、「難解な専門用語」、無意味な比喩や退屈な流行語、眠気を誘う略語を並べるリーダーが多すぎると指摘する。

本書の取材で出会ったリーダーは、独創的なアイデアを提示する場合にも、言葉の使い方が実に的確だ。自分たちがやっていることがなぜ重要なのか、どうやって勝とうとしているのかを、その分野に独特の、しかし外部の人間をも引きつけるような言葉で説明しなくてはならないことを理解している。

ロザンヌ・ハガティは、ホームレスに住宅を提供しようとする同僚に対し、解決不可能な社会問題に取り組む際の戦略を再構築するよう求め、「10万人に住宅を」キャンペーンの原則を明確にした積極的なマニフェストを掲げた。業界の慣習を打ち破ろうとしている理由や、実現するための方法を、具体的かつ刺激的な言葉で説明している。

アラスカのサウスセントラル財団を訪ねたとき、私は「カスタマー・オーナー」という言葉を何度も言い間違えた。「患者と呼んではいけないのですか。あるいは、お客様と」と聞いてみたが、CEOのキャサリン・ゴットリーブは譲らない。自分の健康の〝オーナー〟は自分自身であり、そのための制度のオーナーでもあることを住民に認識してほしい、と言っていた。

さて、あなたはどのような言葉を使うのだろうか。

③業界で成功とみなされてきたものを見直し、自社の成功について考える準備はできているか。

リーダーにとって、「専門性のパラドックス」はビジネスで最も危険なものの一つだ。変化する世界で違いを生み出そうとするリーダーは、自社に何が可能かを再考できるリーダーである。業界について綿密に調べれば調べるほど、長く働き成功を積めば積むほど、新しいパートナーや新しい展望、新しい可能性を見出すのは難しくなる。特定の領域での経験、知識、リソースを持つ者は、まったく新しい何かをつかむ機会を逃すことが多い。

だからこそ、本書では、業界どころか自分自身をも混乱させるリーダー、ジャズミュージシャンのフランク・J・バレットの言う「挑発的能力」を駆使するリーダーに注目してきた。バレットは挑発的能力を、「行動に活気を与え、精神を目覚めさせるリーダーシップ」と表現する。私はこう考えたい。キャリアを振り返り、未来について真剣に考え、あなた自身を今いるところまで導いてくれた考え方やスキルが、目指すところに到達するためにはもはや役立たないことを認識する能力だと。

リンカーン通り1111のロバート・ウェネットは、マイアミのサウスビーチに類のない駐車場と市民のための空間を作るため、業界の常識に挑戦した。創造の背後にある破壊的アイデアに真剣に向き合った結果、建設した駐車場で暮らそうと決断する。

「『どうして駐車場に住むことにしたのか』としょっちゅう聞かれるんですよ。でも、いったん足を踏み入れれば、二度と聞かれることはありません」とウェネットは笑う。

今ある知識が想像力を抑制していないと、断言できるだろうか。

④興味を持たれる存在でいるのと同じように、興味を持ち続けることができるか。

私の知る独創的なリーダーは、大胆な考え方を持つだけではない。彼らは常に学び続ける。ジョン・W・ガードナーは、自己革新についての伝説的なスピーチの中で、昇進する過程で影響力や能力を持ち続け、積極的に取り組み続けるリーダーについて述べた。

「野心は無限ではありません。野心はやがて擦り切れてしまうものです。しかし、みなさんは、命の尽きる日まで、強い好奇心を持ち続けることができます」。

言い換えれば、意欲的なリーダーは、いかに好奇心を持ち続けるかを理解している。興味の対象は、大きなアイデアからちょっとしたサプライズ、事業についての持続的な使命、その使命を実現するための新しい方法など多岐に及ぶ。

WD-40のCEOゲリー・リッジは、「マニアックな学び手」が大勢いる組織を率いている。リッジや同僚は、自社やブランドを外の世界にとって興味深い存在にすると同時に、新しいアイデアに興味を持ち続けるための特別な取り組みを行っている。リッジはメールの最後に「Ancora Imparo（私は学び続ける）」というミケランジェロの言葉を添える。「私の夢は、我が社がリーダーシップやビジネスの実験室と呼ばれるようになることです」。

さて、自己革新に対するあなたの戦略はどのようなものだろう。

⑤技術や効率性と同じように、心や感情にも関心を払っているか。

金銭をめぐる価値提案の重要性については、誰もが賛成するはずだ。しかし、私たちの記憶に残り、大切にされるのは、現代社会を象徴する冷淡な計算に、思いやりを加味した振舞いである。テクノロジーによって変化する現代社会では、私たちの多くが渇望するもの、本当の意味で傑出したものは、人間であることの意味を思い出させてくれる、ささやかな思いやりだ。マザー・テレサの言葉をもう一度繰り返しておこう。「誰もが偉大なことをできるわけではない。しかし、小さなことを大いなる愛をもって行うことはできる」。「偉大なこと」を成し遂げたいと願うリーダーは、組織の内外に強い印象を与える〝小さなこと〟を決して見落とさない。イギリスのサンドイッチショップ、プレタ・マンジェは、「プレタ・バズ」を生み出すエネルギーや活気を積極的に醸成している。

メルセデス・ベンツUSAは、並外れた業績を残すためには先進技術だけではなく、本物の思いやりが必要であることを理解している。元CEOのスティーブ・キャノンは、「顧客にとっては、ブランドとの一期一会が、車そのものに引けをとらないぐらい特別なものでなくてはならない」と明言する。同社やディーラーショップで働く2万3000人の従業員全員が、出会うすべての顧客を喜ばせなくてはならない。

あなたが動かそうとしているのは製品だろうか、それとも人だろうか。

⑥組織の機能を定義する価値は、価値提案を反映しているか。

優れた企業は、他社とは違った考え方をするだけではない。誰もが近道をし、手順に頼り、共感よりも効率を重視する世界で、サービスを提供する相手、送るメッセージに誰よりも気を配っている。何か特別なもの、他とは異なるもの、例外的なものを職場で生み出さなければ、市場で特別な存在、傑出した存在、例外的な存在になることはできない。ベンチャーキャピタリストのベン・ホロウィッツは、「文化をプログラミングする」場合には、「従業員の日々の行動を変えられるほど刺激的」でなくてはならないと主張する。

金融サービス業界の巨人ＵＳＡＡは、職場の文化を強力にプログラミングすることで大成功を収めた。新しく入った従業員は、戦場生活を知るために戦闘糧食を食べ、軍用リュックや防弾チョッキを着用し、実際に兵士が背負っている重さを実感する。兵士と家族の間で交わされる手紙を読むこともある。従業員から経営幹部まで、サービスを提供する兵士や家族の生活、感情面での複雑なニーズを体験することで、顧客との強い結びつきを実現しているのだ。

どうすれば部下の行動を促し、意欲を持たせ、自社の競争力を高めることができるのか。あなたはそれを理解しているだろうか。

⑦貪欲であると同時に、謙虚であるか。

本書に登場した個性豊かなリーダーに共通する姿勢があるとしたら、それは並外れた成果は並外れた洞察力によって始まるということだ。並外れた洞察力を持てと言っているわけではない。新しいアイデアに基づくビジネスや社会運動においては、誰もがアイデアの創出や評価に関わる。だからこそ、謙虚さと野心は対立すべきではない。

実のところ、野心的なサービスを提供する際の謙虚さは、未知の世界で大きなことを成し遂げたいと願うリーダーにとってきわめて有効だ。ハーバード・ビジネススクールのリンダ・ヒル教授が、あるＣＥＯに聞いた言葉を繰り返そう。「私の仕事は、舞台の上で演じることではなく、舞台を準備することだ」。

ザッポスのCEOトニー・シェイは、ラスベガスの中心部で、途方もない舞台を用意しようとしている。そこに集まるアーティストも起業家もオタクも、ザッポスの従業員になることはないだろう。それでも彼らは、「セレンディピティをもたらす出会いの機会」を生み出し、結果的にザッポスを活気づけ、新しいアイデアで満たすはずだ。

「大事なのは、多様な集団を比較的小さな空間に集めることです」とシェイは述べた。「彼らが協調するかどうかを見るのです」。

あなたは従業員の創造性を高めるために、自身のエゴを抑えることができるだろうか。

⑧成功を収めるために尽力した人たちと、見返りを分け合う用意があるか。

この社会において、「勝者一人占め」は持続可能な方法ではない。企業経営においても、まずいやり方だ。部下に一体感を持たせられないとしたら、業界で可能なことを再考し、他社がやらないことに踏み出す意欲を持たせることなどできるだろうか。

ティム・オライリーは、優れた企業は「つかめる以上の価値を生み出す」と好んで言う。従業員の強い意欲を引き出し、市場に大きな波を起こし得る企業とは、結果として生み出される価値の相応部分を従業員と共有する企業である。

イギリスのジョン・ルイス・パートナーシップは信託型の従業員持ち株制度を導入し、富を分かち合うために、毎年末には利益の一部を分配している。この仕組みは従業員に熱心に支持され、メディアにも注目されている。

合計9万4000人の従業員は、各地の職場代表を選挙し、戦略についての最高レベルでの議論にも参加する。憲法で定められたビジネスの場での民主主義は、従業員に一体感を持たせ、事業の推進を後押しする。ジョン・ルイスの民主的プロセスを監督するジェーン・バージェスは、「たいていの企業が重視するのは金融資本の強化ですが、私たちが重視するのは社会資本なのです」と述べた。

あなたは、従業員全員に発言権や行動する権利を与える方法を検討しているだろうか。

謝辞

本を書くのは孤独な作業だ。何か月もの間、毎日キーボードを打ち続け、外の世界から隔離された生活を送る（ツイッターやフェイスブックは別だが）。構想を練る、企画書を作成する、資料を漁って調べ物をする、校正する。本を形にする作業すべてに大勢の努力がある。ここで、本書を生み出すために重要な役割を担ってくれた方の名前をあげ、お礼を言いたい。

インクウェル・マネジメントのリチャード・パインとは、四半世紀にわたる付き合いだ。私は何か思いつくと最初にリチャードに電話をかける。作業が遅れるとき、論旨を見直すとき、題名を考えるとき、原稿の構成を見直すときもそうだ。ほかのエージェントにできないこと、やろうともしないことをやってくれる、私のただ一人のエージェントだ。深く感謝する。

本書は私の6冊目の著作に当たる。この30年で数々の出版社と仕事をしたが、ポートフォリオほど意欲的な取り組みは経験したことがない。当然ながら、著者への要求も大きかった。当初から編集を担当してくれたニキ・パパドポウロスがその筆頭である。つらい夜を過ごすこともあったとはいえ、私自身も雑誌の編集者として、高い要求水準や示唆に富むフィードバックには心から感謝している。アドリアン・ザックハイム、ウィル・ベイサー、リー・トラウボーストは、本書が注目されるよう取り計らってくれた。私は、自分の意見をはっきり持っている人たちと仕事をするのが大好きだ。彼らとの仕事は楽しかった。

『ハーバード・ビジネス・レビュー』誌のデジタルチームは、本書のための調査の初期段階で、アイデアのいくつかを発表する場を与えてくれ、執筆が進まないときはコラムを休ませてくれた。発表の場を求めたときには応じてくれ、こもりたいときにはそうさせてくれたエリカ・トラックスラーやエリック・ヘルウェグ、そのほかの面々にお礼を言いたい。

執筆という孤独なプロセスの次には、それを幅広い聴衆に向けて説明するという騒々しいプロセスが待っている。過去5年というもの、ワシントン・スピーカーズ・ビューローのおかげで、私はあちこちを旅し、会議やイベントに参加し、起業家や経営幹部、地域のリーダーをはじめ、熱心な聴衆に向けて発言する機会を得た。ニカ・スペンサー、クリスティン・ダウニー、クリスティン・ランクマン、アニー・サルマン、シェルダン・ブリーム、クリスティン・ファレル、ハリー・ローズ・ジュニアなど、私を温かく迎えてくれるスタッフにお礼を言いたい。

自分たちの経験を私に語り、情報を与え、工場や店舗の訪問やイベントへの参加、ときには重要な会議への同席まで認めてくれた企業や組織のリーダーやスタッフについては、ここで全員の名前をあげることはできない。多忙な彼らが貴重な時間を惜しげもなく割き、示唆を与えてくれるたびに、驚きとうれしさを感じた。こうした思いやりは言葉では語り尽くせない。

そして、家族であるクロエ、ペイジ、グレースがどれほど私を支え、励ましてくれているか。本を書く者に気持ちの浮き沈みはつきもので、背中をさすり、お尻をたたき、頬にキスをしてもらいたくなるときもある。そんな気持ちを敏感に察してくれる家族には本当に感謝している。

9. リフレクサイト・コーポレーションとアースプラングについて最初に触れたのは、以下の記事である。"These Workers Act Like Owners (Because They Are)," *New York Times*, May 21, 2006. 2015年半ばには再度インタビューを行い、同社の売上げと従業員への分配についてアースプラングから聞いた。
10. Alex Ralph, "John Lewis Bonus Likely to Be Reduced," *Times* (London), March 9, 2015.
11. オハイオ州ユークリッドのリンカーン・エレクトリック訪問が実りあるものになったのは、同社のアマンダ・バトラーのおかげだ。インタビューによって得た情報に加え、以下を参考にした。
    Frank Koller, *Spark: How Old-Fashioned Values Drive a Twenty-First-Century Corporation* (New York: PublicAffairs, 2010); Norman Fast, under the direction of Professor Norman Berg, "The Lincoln Electric Company," Harvard Business School Case 9-376-028, 1975; William Serrin, "The Way That Works at Lincoln," *New York Times*, January 15, 1984; Barnaby J. Feder, "Rethinking a Model Incentive Plan," *New York Times*, September 5, 1994.

業』）。

8. Edgar H. Schein, *Humble Inquiry: The Gentle Art of Asking Instead of Telling* (San Francisco: Berrett-Koehler Publishers, 2013).
9. Gary Hamel, *What Matters Now: How to Win in a World of Relentless Change, Ferocious Competition, and Unstoppable Innovation* (San Francisco: Jossey-Bass, 2012)（邦訳『経営は何をすべきか　生き残るための5つの課題』ゲイリー・ハメル著　有賀裕子訳　ダイヤモンド社　2013年）。
10. ファステナルのジャン・デュボワのおかげで、同社の施設や新しくオープンした博物館を訪問し、多くを学ぶことができた。幹部から倉庫のマネジャーまで、この驚くべき組織の実情を説明するために時間を割いてくれたすべての人にお礼を言いたい。概要については以下が参考になる。

    Robert Farzad, "Fastenal's Runaway Stock Success," *Bloomberg Businessweek*, February 27 to March 4, 2012; Dyan Machan, "Fastenal's CEO Sweats the Small Stuff," *Barron's*, March 8, 2014.

8章

1. オドニー・クラブを訪問したときには、ジョン・ルイス・パートナーシップに民主主義が行き渡っている様子を目の当たりにし、幹部から最前線の従業員にいたるまでインタビューすることができた。同社の歴史や背景については以下を参考にした。

    Peter Cox, *Spedan's Partnership: The Story of John Lewis and Waitrose* (London: Labatie Books, 2010); Michael Skapinker and Andrea Felsted, "John Lewis: Trouble in Store," *Financial Times*, October 16, 2015.
2. ジョン・ルイス・パートナーシップのサイトには、憲法のほか、同社の業績や民主主義の実践など様々な情報が搭載されている。https://www.johnlewispartnership.co.uk/.
3. Tamsin Blanchard, "John Lewis Turns 150: The Story of a Very Civil Partnership," *Telegraph*, April 19, 2014.
4. Jacob S. Hacker and Paul Pierson, *Winner-Take-All Politics: How Washington Made the Rich Richer—and Turned Its Back on the Middle Class* (New York: Simon & Schuster, 2010).
5. Sylvia A. Allegretto, Ken Jacobs, Dave Graham-Squire, and Megan Emiko Scott, "The Public Cost of Low-Wage Jobs in the Banking Industry," UC Berkeley Labor Center, October 2014.
6. Bonnie Brown, *Giigle: How I Got Lucky Massaging Google* (Dallas: Highland Loch Press, 2012).
7. "Turning Workers into Capitalists," *Economist*, November 25, 2013.
8. 私とポリー・ラバールは、以下でKIとレシュに言及している。前出*Mavericks at Work*（『マーベリック・カンパニー　常識の壁を打ち破る超優良企業』）。2015年夏には、同社の最近の業績や「社会的資本主義」の発展について学ぶため、レシュや幹部にあらためてインタビューを行った。

7章

1. トニー・シェイの「ダウンタウン・プロジェクト」はメディアの注目を集めており、賞賛される一方、批判的な意見もある。実際に現地を訪問し、シェイと語り合ったほか、以下の優れた記事を参考にした。
   Susan Berfield, "Hard Times in Happy Town," *Bloomberg Businessweek*, December 29, 2014; Colin Marshall, "Downtown and Out? The Truth About Tony Hsieh's $350m Las Vegas Project," *Guardian*, November 20, 2014; Sara Corbett, "How Zappos'CEO Turned Las Vegas into a Startup Fantasyland," *Wired*, January 1, 2014; Timothy Pratt, "What Happens in Brooklyn Moves to Las Vegas," *New York Times Magazine*, October 19, 2012. Re/codeの記事も参照されたい。http:// recode.net/ tag/downtown-project/.
   ザッポスの「ホラクラシー」については以下を参照のこと。Jerry Useem, "Are Bosses Necessary?" *Atlantic*, October 2015.
2. Edward Glaeser, *Triumph of the City: How Our Greatest Invention Makes Us Richer, Smarter, Greener, Healthier, and Happier* (New York: Penguin Press, 2011)（邦訳『都市は人類最高の発明である』エドワード・グレイザー著　山形浩生訳　NTT出版　2012年）。
3. 「ダウンタウン・プロジェクト」の背景にある考え方については、以下のスピーチに詳しい。シェイの言葉は、私との会話やこれらのスピーチからの引用である。
   ビジネス・イノベーション・ファクトリー主催「BIF-8サミット」でのスピーチ（2012年9月）http://www.businessinnovationfactory.com/summit/video/tony-hsieh-zappos-happiness-street-level#。SXSW V2V会議（2013年8月）でのスピーチ"The City as Startup" https://www.youtube.com/watch?v=aYjv4dKl7OM
4. Andrea Chang, "After Jody Sherman Death, Tech Community Seeks Dialogue on Suicide," *Los Angeles Times*, February 1, 2013.
5. Kristy Totten, "Living Small: At Downtown's Airstream Park, Home Is Where the Experiment Is," *Las Vegas Weekly*, February 5, 2015. トニー・シェイのザッポスや「ダウンタウン・プロジェクト」での見事なイノベーションについては、以下に詳しい。Roger D. Hodge, "First, Let's Get Rid of All the Bosses," *New Republic*, October 2015.
6. Linda A. Hill, Greg Brandeau, Emily Truelove, and Kent Lineback, *Collective Genius* (Boston: Harvard Business Review Press, 2014)（邦訳『ハーバード流 逆転のリーダーシップ』リンダ・A・ヒル、グレッグ・ブランドー、エミリー・トゥルーラブ、ケント・ラインバック著　黒輪篤嗣訳　日本経済新聞出版社　2015年）; Linda Hill, "Leading from Behind," HBR.org, May 5, 2010.
7. 私はマキューインの独創性について10年以上前から学び、記事をまとめてきた。ゴールドコープでの活躍や「ゴールドコープ・チャレンジ」の詳細については以下を参照されたい。
   Linda Tischler, "He Struck Gold on the Net (Really)," *Fast Company*, June 2002; 前出 *Mavericks at Work*（『マーベリック・カンパニー　常識の壁を打ち破る超優良企

題したスピーチを行った。ニューヨーク・タイムズ紙の検証については以下を参照されたい。Jodi Kantor and David Streitfeld, "Inside Amazon: Wrestling Big Ideas in a Bruising Workplace," *New York Times*, August 15, 2015.
また、「アマゾン・ドット・ラブ」と題したメモは以下に掲載されている。Brad Stone, *The Everything Store: Jeff Bezos and the Age of Amazon* (New York: Little, Brown and Company, 2013)（邦訳『ジェフ・ベゾス果てなき野望　アマゾンを創った無敵の奇才経営者』ブラッド・ストーン著　井口耕二訳　日経BP社　2014年）。

6章

1. Kevin Roberts, *Lovemarks: The Future Beyond Brands* (New York: powerHouse Books, 2005)（邦訳『永遠に愛されるブランドラブマークの誕生』ケビン・ロバーツ著　岡部真理、椎野淳、森尚子訳　ランダムハウス講談社、2005年）; Kevin Roberts, *The Lovemarks Effect: Winning in the Consumer Revolution* (New York: powerHouse Books, 2006).
2. 私が『ハーバード・ビジネス・レビュー』誌の編集者だった頃、USAAのCEOとして長く活躍したロバート・マクダーモットに対するインタビューが同誌に掲載された。その後も私はUSAAに注目してきた。以下の記事は同社の驚くべき成長を示している。
Thomas Teal, "Service Comes First: An Interview with Robert F. McDermott," *Harvard Business Review*, September 1991（邦訳：トーマス・ティール「サービス優先主義マネジメント——保険業界No.1企業USAAのCEOマクダーモットに聞く」『DIAMONDハーバード・ビジネス』1992年3月号）; Jena McGregor, "USAA's Battle Plan," *Bloomberg Businessweek*, February 18, 2012; Kristina Shevory, "Boot Camp for Bankers," *New York Times*, September 1, 2014; Jenna Hiller, "USAA Employees Experience Basic Training at 'Zero Day,'" KSAT.com, July 22, 2013.
3. 戦略、文化ほか一連のトピックについては、以下を参照されたい。Ben Horowitz, *The Hard Thing About Hard Things: Building a Business When There Are No Easy Answers* (New York: Harper Business, 2014)（邦訳『HARD THINGS　答えがない難問と困難にきみはどう立ち向かうか』ベン・ホロウィッツ著　滑川海彦、高橋信夫訳　日経BP社　2015年）。
4. スティーブ・キャノンのおかげで、2014年6月24日のフォレスターフォーラムでのプレゼン "Why Good Enough Is Not Good Enough"を聴くことができた。メルセデスベンツUSAについての記述はキャノン、ハイネカンプ、リオール・アルーシーへのインタビューに基づくものだ。キャノンは2016年1月1日、アトランタ・ファルコンズの親会社であるAMBグループのCEOに就任した。私が本書の執筆を終えたのち、メルセデスベンツUSAについて詳細に記した本が出版された。Joseph A. Michelli, *Driven to Delight* (New York: Mc-Graw-Hill Education, 2016).

考にした。

Ben Austen, "The Megabus Effect," *Bloomberg Businessweek*, April 7, 2011.

4. ガードナーのスピーチ本文は以下に掲載されている。"Personal Renewal" pbs.org/johngardner/ sections/ writings_speech_1.html.
5. Roy Spence, *The 10 Essential Hugs of Life* (Austin, TX: Greenleaf Book Group Press, 2014).
6. WD-40については、ゲリー・リッジとグラハム・ミルナーへのインタビューのほか、以下を参考にした。Jay Palmer, "The Cult of WD-40," *Barron's*, December 3, 2001; Jonathan Horn, "WD-40: Rust Free After 60 Years," *San Diego Union-Tribune*, September 14, 2013.

5章

1. SCFの功績を理解する最善の手段は、アンカレッジを訪ね、リーダーや第一線のスタッフから話を聞くことだ。私は幸運にもその機会に恵まれた。以下も参考になる。
   Erin E. Sullivan and Theodore Hufstader, "Human Systems for Southcentral Foundation's Nuka System of Care" (parts A and B), Harvard Medical School Center for Primary Care, 2015; "Nuka System of Care: Our Transformation," presentation by Douglas Eby and Leanndra Ross, Asia-Pacific Healthcare Conference, September 2, 2014; Katherine Gottlieb, "The Nuka System of Care: Improving Health Through Ownership and Relationships," *International Journal of Circumpolar Health*, 2013; "A Formula for Cutting Health Costs," *New York Times*, July 21, 2012.
2. Tim Nudd, "How a Fan Post on Panera's Facebook Page Got Half a Million Likes," *Adweek*, August 14, 2012; Bill Taylor, "It's More Important to Be Kind Than Clever," HBR.org, August 23, 2012.
3. この出来事については、以下にも記している。"Why Is It So Hard to Be Kind?" HBR.org, October 19, 2010.
4. Andrew E. Kramer, "Russian Service, and with Please and Thank You," *New York Times*, November 1, 2013.
5. 『ファストカンパニー』誌に次の記事を掲載して以来、プレタ・マンジェの動向には注目してきた。Scott Kirsner, "Recipe for Reinvention," *Fast Company*, April 2002.
   またフレンドリーなサービスについては以下のように賛否両論がある。Stephanie Clifford, "Would You Like a Smile with That?" *New York Times*, August 6, 2011; Richard Preston, "Smiley Culture: Pret A Manger's Secret Ingredients," *Telegraph*, March 9, 2012; Paul Myerscough, "Short Cuts," *London Review of Books*, January 2013; Timothy Noah, "Labor of Love," *New Republic*, February 1, 2013; Bill Taylor, "Pret a Manger Wants Happy Employees—That's Okay," HBR.org, November 7, 2013.
6. Ward Clapham, *Breaking With the Law: The Story of Positive Tickets*, June 1, 2010.
7. ベゾスは2010年5月30日、プリンストン大学の卒業式で "We Are What We Choose" と

Amanda Lewan, "Quicken Loans Innovates with a 'Small Business' Culture," michipreneur.com, March 5, 2013.

3章

1. 本章の記述は、ロザンヌ・ハガティ、ベッキー・マーゴッタ、ジョー・マッキャノンはじめ「10万人に住宅を」キャンペーン関係者へのインタビュー、私自身のニュー・ヘイブン訪問のほか、以下を参考にした。
   BIF-9 協同イノベーションサミットでのハガティのプレゼン。https://www.youtube.com/watch?v=Y1Sn4xGiR-Y; Alastair Gordon, "Higher Ground," *Wall Street Journal*, June 10, 2012; Howard Yu, "Finding Community Solutions from Common Ground: A New Business Model to End America's Homelessness," IMD, 2013.
2. Cynthia Barton Rabe, *The Innovation Killer: How What We Know Limits What We Can Imagine—and What Smart Companies Are Doing About It* (New York: AMACOM, 2006). 本書は大企業と変化についての私の考え方に大きな影響を与えてくれた。著者のレイブは悲しいことに盗難車にひき逃げされ、47歳で命を落とした。冥福を祈りたい。
3. 私自身はまだ参加していないが、以下が参考になる。Neal Hirschfeld, "Teaching Cops to See," *Smithsonian*, October 2009; Ellen Byron, "To Master the Art of Solving Crimes, Cops Study Vermeer," *Wall Street Journal*, July 27, 2005; and Leslie Berger, "By Observing Art, Med Students Learn Art of Observation," *New York Times*, January 2, 2001.
4. FCBシカゴのマイケル・ファスナハトやスタッフは、私を受け入れ、アイデアや方法論、ワークブックについて教えてくれた。
5. バレットが「挑発的能力」に言及し始めたのは10年以上前のことだ。以下には彼の考え方がうまくまとめられている。Frank J. Barrett, *Yes to the Mess: Surprising Leadership Lessons from Jazz*, (Boston: Harvard Business Review Press, 2012).
6. Michael Barbaro, "A Miami Beach Event Space. Parking Space, Too," *New York Times*, January 23, 2011. エリザベス・プライアー制作のショートフィルムはオンラインで視聴できる。「eleven eleven」https://vimeo.com/51889050.

4章

1. Dennis K. Berman, "Is Peanut Butter Pop-Tart an Innovation?" *Wall Street Journal*, December 3, 2013; Bill Taylor, "Stop Me Before I 'Innovate' Again!" HBR.org, December 6, 2013.
2. Mihaly Csikszentmihalyi, *Creativity: The Psychology of Discovery and Invention* (New York: Harper Perennial, 2013).
3. メガバスについての分析は、ニュージャージー州パラマスでのデール・モーザー、マイク・アルビッチ、ブライオニー・チェンバレンへのインタビューのほか、以下を参

ンスキー著　依田卓巳訳　早川書房　2012年）。

2. Simon Sinek, *Start with Why: How Great Leaders Inspire Everyone to Take Action* (New York: Portfolio, 2009)（邦訳『WHYから始めよ！　インスパイア型リーダーはここが違う』サイモン・シネック著　栗木さつき訳　日本経済新聞出版社　2012年）。

3. スタンフォード・ビジネススクールでの起業家精神についてのプレゼンは、ユーチューブで視聴できる。

   John Doerr, "Entrepreneurs Are Missionaries," April 4, 2007, https://www.youtube.com/watch?v=n6iwEYmbCwk; "What It Takes to Be a Remarkable Leader," November 19, 2009, https://www.youtube.com/watch?v=LDWURusr02k.

4. Randy Komisar, *The Monk and the Riddle* (Boston: Harvard Business Review Press, 2000).（邦訳『ランディ・コミサー　あるバーチャルCEOからの手紙』ランディ・コミサー著　石川学訳　ダイヤモンド社　2001年）。2015年春、コミサーとジョン・ドーアの元同僚エレン・パオはクライナー・パーキンスに対して女性差別訴訟を起こした。訴えは退けられたものの、シリコンバレーのハイテク企業が男性中心の文化を持つことが明るみに出た。私は訴訟について意見を言う立場にないが、ベンチャーキャピタルの先駆者としてのクライナーの業績や、投資家や起業家としてのドーアの洞察力の素晴らしさが損なわれるものではない。

5. 友人で『ファストカンパニー』誌の共同創設者でもあるアラン・ウェバーは、以下でビル・グレアムについて記している。Alan Webber, *Rules of Thumb: 52 Truths for Winning at Business Without Losing Your Self* (New York: Harper Business, 2009)（邦訳『魂を売らずに成功する　伝説のビジネス誌編集長が選んだ飛躍のルール52』アラン・M.ウェバー著　市川裕康訳　英治出版　2010年）。

   また、グレイトフル・デッドについては以下を参照されたい。Barry Barnes, *Everything I Know About Business I Learned from the Grateful Dead* (New York: Business Plus, 2011)（邦訳『グレイトフルデッドのビジネスレッスン#　彼らの長く奇妙な旅が紡ぎ出す「超」革新的な10の教訓』バリー・バーンズ著　伊藤富雄訳　翔泳社　2012年）。

   Jon Pareles, "Review: No Song Left Unsung, Grateful Dead Plays Its Last," *New York Times*, July 6, 2015. 50周年記念ツアーについての感動的なレポート。

6. ビジネス・エクセレンス・インスティテュートの聴講を認めてくれたパルズ・サドン・サービスには感謝している。同社について書かれたものでは以下が参考になる。

   Leigh Buchanan, "Training the Best Damn Fry Cooks (and Future Leaders) in the U.S.," April 23, 2014, inc.com; "Pal's: America's Least-Known Well-Run Burger Chain," July 2, 2012, burgerbusiness.com.

7. クイックン・ローンズのコミュニケーション担当副会長アーロン・エマーソンのおかげで、本社を訪ね、「ISMの実践」に参加することができた。背景知識を得るために以下の記事などを参考にしたが、本書の記述の大半はデトロイト訪問にもとづくものだ。

   Tim Alberta, "Is Dan Gilbert Detroit's New Superhero?" *National Journal*, February 27, 2014; David Segal, "A Missionary's Quest to Remake Motor City," *New York Times*, April 13, 2013;

Shawn Tully, "Vernon Hill Is the Best Damn Banker Alive (Just Ask Him)," *Fortune*, September 15, 2010; John Engen, "Vernon Hill on the Wooing of Customers in London," American Banker, December 1, 2012.

3. "A Report on the Culture of British Retail Banking," New City Agenda and Cass Business School, 2014, http://newcityagenda.co.uk/wp-content/uploads/2014/11/Online-version.pdf.
4. コマース・バンクについては以下でも取り上げている。*Mavericks at Work: Why the Most Original Minds in Business Win* (New York: William Morrow, 2006)（邦訳『マーベリック・カンパニー　常識の壁を打ち破る超優良企業』ウィリアム・C.テイラー、ポリー・ラバール著　小川敏子訳　日本経済新聞出版社　2007年）。
5. メトロバンクのマスコット犬だったダフィールド卿は、残念なことにミルトン・キーンズ支店のオープニングから10か月後、13歳で亡くなった。ヒル夫妻はダフィールド卿に追悼の辞を捧げた。「別れはとても悲しいです。けれどもダフィールド卿は、メトロバンクの歴史の一部として永遠に生き続けるでしょう」。夫妻は、生後3か月半の同じ血統の子犬を後継者として飼うことにしたと発表した。ダフィールド卿二世と名づけられたという。
6. 価値提案に関するラニングの論文は多数あり、影響力も大きい。たとえば以下を参照されたい。Michael Lanning and Edward G. Michaels, "A Business Is a Value Delivery System," *McKinsey Quarterly*, June 2000. 次の著作も参考になる。*Delivering Profitable Value* (New York: Basic Books, 1998).
7. 著者によるインタビューから。以下も参照されたい。Lior Arussy, *Exceptionalize It!*
8. アダム・モーガンと同僚たちは、私が知る中で最も優秀なブランド戦略家であり、精力的に研究を行っている。Adam Morgan, *Eating the Big Fish: How Challenger Brands Can Compete Against Brand Leaders* (Hoboken, NJ: John Wiley, 2009).
9. 残念ながら、本書の執筆中にヘルシンキを訪問することはできなかった。SOLの最近の動向については、リーサ・ヨロネンの息子ユハペッカ・ヨロネンから詳しく教えてもらった。本書の記述は、ユハペッカへのインタビューと以下をもとにまとめたものだ。Gina Imperato, "Dirty Business, Bright Ideas," *Fast Company*, March 1997; Brian M. Carney and Isaac Getz, *Freedom, Inc.* (New York: Crown Business, 2009).
10. トレバートンの考え方については以下が参考になる。Gregory F. Treverton, "Risks and Riddles," *Smithsonian*, June 2007.
なおマルコム・グラッドウェルは、トレバートンの「パズル」と「謎解き」の区別をエンロン事件に当てはめて論じている。Malcolm Gladwell, "Open Secrets," *New Yorker*, January 8, 2007.

2章

1. Adam Lashinsky, *Inside Apple: How America's Most Admired—and Secretive— Company Really Works* (New York: Business Plus, 2012).（邦訳『インサイド・アップル』アダム・ラシ

注

プロローグで述べたように、本書の記述のほとんどは、企業・団体を訪問した際の幹部やスタッフへのインタビューに基づくものだ。背景知識については、本や論文、記事、ビジネススクールのケーススタディなどを参考にした。以下では、私の考え方に強い影響を与えた研究や分析を紹介しておきたい。

プロローグ

1. フリードマンによる以下のコラムを参照されたい。"Average Is Over," January 24, 2012; "Average Is Over, Part II," August 7, 2012. 前年に刊行され、評価を得た著作ではさらに詳しく論じられている。 Thomas L. Friedman and Michael Mandelbaum, *That Used to Be Us* (New York: Farrar, Straus and Giroux, 2011)（邦訳『かつての超大国アメリカ　どこで間違えたのかどうすれば復活できるのか』トーマス・フリードマン、マイケル・マンデルバウム著　伏見威蕃訳　日本経済新聞出版社　2012年）。
2. 著者によるインタビューから。アルーシーは、同じテーマを以下で詳細に論じている。Lior Arussy, *Exceptionalize It!* (Hackensack, NJ: Strativity Group Inc., 2012).
3. Marshall W. Meyer and Lynne G. Zucker, *Permanently Falling Organizations* (Thousand Oaks, CA: Sage Publications, 1989).
4. リンダ・ヒルの著作は多い。まずは以下を参照されたい。Linda Hill and Kent Lineback, *Being the Boss: The 3 Imperatives for Becoming a Great Leader* (Boston: Harvard Business Review Press, 2011)（邦訳『ハーバード流ボス養成講座　優れたリーダーの3要素』リンダ A. ヒル、ケント・ラインバック著　有賀裕子訳　日本経済新聞出版社　2012年）。
5. ガードナーの「現実的楽観主義」は、マッキンゼー・アンド・カンパニーでの「人間の再生」と題された講演での言葉だ。http://www.pbs.org/johgardner/sections/writings_speech_1.html

1章

1. Francis Tibbalds, "Milton Keynes—Who Forgot the Urban Design?" *Places* 1, no.4 (1984).
2. メトロバンクについての記述の大半は、ロンドン本社やミルトン・キーンズ支店への訪問、幹部へのインタビュー、バーノン・ヒルとの長年の交流で交わした会話に基づく。以下も参照されたい。

［著者］

ウィリアム C. テイラー（William C. Taylor）

米国の著名ビジネス誌『ファストカンパニー』共同創刊者。元『ハーバード・ビジネス・レビュー』（HBR）エディター。HBRのウェブサイト「HBR.org」に連載を持ち、『ニューヨーク・タイムズ』『ガーディアン』などにも寄稿多数。
既刊邦訳に『マーベリック・カンパニー　常識の壁を打ち破る超優良企業』（日本経済新聞出版社）がある。プリンストン大学卒、MITスローンスクール修了。米マサチューセッツ州ウェルズリー在住。

［訳者］

北川知子（きたがわ・ともこ）

翻訳家。訳書にムン『ビジネスで一番、大切なこと』、オニール『次なる経済大国』、カラベル『経済指標のウソ』（ダイヤモンド社）、モリス『人類5万年　文明の興亡』（筑摩書房）、クレピネヴィッチ『帝国の参謀』（日経BP社）など。

圧倒的な強さを築く

オンリーワン差別化戦略

2017年4月19日　第1刷発行

著　者――ウィリアム C. テイラー
訳　者――北川知子
発行所――ダイヤモンド社
〒150-8409　東京都渋谷区神宮前6-12-17
http://www.diamond.co.jp/
電話／03·5778·7232（編集）　03·5778·7240（販売）
装丁デザイン―新井大輔
本文デザイン―布施育哉
製作進行――ダイヤモンド・グラフィック社
印刷――――加藤文明社
製本――――加藤製本
編集担当――前澤ひろみ

ISBN 978-4-478-10042-4